高等职业教育数字商务高水平专业群系列教材
编写委员会

总主编

张宝忠　浙江商业职业技术学院原校长
　　　　全国电子商务职业教育教学指导委员会副主任委员

执行总主编

王　慧　浙江同济科技职业学院

副总主编

吴洪贵	江苏经贸职业技术学院	陈　亮	江西外语外贸职业学院
张枝军	浙江商业职业技术学院	金渝琳	重庆工业职业技术学院
景秀眉	浙江同济科技职业学院	王庆春	昆明冶金高等专科学校
曹琳静	山西职业技术学院	徐林海	南京奥派信息产业股份公司

编　委 （按姓氏拼音排序）

陈　宏	黑龙江建筑职业技术学院	毛卓琳	江西外语外贸职业学院
陈煜明	上海电子信息职业技术学院	孟迪云	湖南科技职业学院
顾玉牧	江苏航运职业技术学院	宋倩茜	潍坊工程职业学院
关善勇	广东科贸职业学院	童晓茜	昆明冶金高等专科学校
胡晓锋	浙江同济科技职业学院	王斐玉	新疆能源职业技术学院
皇甫静	浙江商业职业技术学院	王　皓	浙江同济科技职业学院
蒋　博	陕西职业技术学院	魏　頔	陕西能源职业技术学院
金玮佳	浙江同济科技职业学院	吴　凯	绍兴职业技术学院
李晨晖	浙江同济科技职业学院	余　炜	杭州全新未来科技有限公司
李洁婷	云南交通职业技术学院	张栩菡	浙江同济科技职业学院
李　乐	重庆工业职业技术学院	张宣建	重庆交通职业学院
李　喜	湖南商务职业技术学院	张雅欣	山西职业技术学院
李　瑶	北京信息职业技术学院	张子扬	浙江同济科技职业学院
李英宣	长江职业学院	赵　亮	武汉船舶职业技术学院
刘　丹	武汉外语外事职业学院	赵　琼	广东科贸职业学院
刘　红	南京城市职业学院	郑朝霞	赤峰工业职业技术学院
林　莉	南充职业技术学院	周　聪	浙江同济科技职业学院
刘婉莹	西安航空职业技术学院	周　蓉	武汉职业技术大学
柳学斌	上海中侨职业技术大学	周书林	江苏航运职业技术学院
卢彰诚	浙江商业职业技术学院	周月霞	杭州新雏鹰知识产权代理有限公司
陆春华	上海城建职业学院	朱林婷	浙江商业职业技术学院
罗天兰	贵州职业技术学院	朱柳栓	浙江商业职业技术学院

高等职业教育数字商务高水平专业群系列教材

总主编：张宝忠

商务数据分析与应用

主　编 / 何　媚　张　欣　翟井波

副主编 / 梁川飞　向　雪　谷芸子

参编者 / 梁文龙　陈　颖　何艳华　张丽娜
　　　　　王诗扬　黄羽婷　熊弋葭

华中科技大学出版社
http://press.hust.edu.cn
中国·武汉

内 容 简 介

《商务数据分析与应用》是专为高职学生量身打造的一本实用教材,旨在帮助学生掌握商务数据分析的基础知识与核心技能。本教材共分为九个项目,对商务数据分析的基本概念、方法和工具,以及数据可视化、销售数据分析、收入与成本分析等各个方面进行了全面解读。特别值得一提的是,本教材深入探讨了人工智能技术在商务数据分析中的应用,包括自然语言处理、机器学习和深度学习等前沿技术,旨在培养学生的创新思维和实践能力,帮助他们在未来的职场中脱颖而出。

图书在版编目(CIP)数据

商务数据分析与应用 / 何媚,张欣,翟井波主编. -- 武汉 :华中科技大学出版社,2025.7. -- (高等职业教育数字商务高水平专业群系列教材). -- ISBN 978-7-5772-2104-5

Ⅰ. F712.3

中国国家版本馆 CIP 数据核字第 2025HH0421 号

商务数据分析与应用　　　　　　　　　　　　　　　　　何　媚　张　欣　翟井波　主编

Shangwu Shuju Fenxi yu Yingyong

策划编辑:周晓方　陈培斌　宋　焱

责任编辑:唐梦琦

封面设计:廖亚萍

版式设计:赵慧萍

责任校对:余晓亮

责任监印:曾　婷

出版发行:华中科技大学出版社(中国·武汉)　　　　　电话:(027) 81321913
　　　　　武汉市东湖新技术开发区华工科技园　　　　邮编:430223

录　　排:华中科技大学出版社美编室

印　　刷:武汉科源印刷设计有限公司

开　　本:787mm×1092mm　1/16

印　　张:11.5　　插页:2

字　　数:255 千字

版　　次:2025 年 7 月第 1 版第 1 次印刷

定　　价:58.00 元

网络增值服务

使用说明

欢迎使用华中科技大学出版社人文社科分社资源网

1 教师使用流程

（1）登录网址：**http://rwsk.hustp.com** （注册时请选择教师用户）

> 注册 〉 登录 〉 完善个人信息 〉 等待审核

（2）审核通过后，您可以在网站使用以下功能：

浏览教学资源　　建立课程　　　管理学生　　　布置作业　　查询学生学习记录等

教师

2 学员使用流程

（建议学员在PC端完成注册、登录、完善个人信息的操作）

（1）PC 端学员操作步骤

① 登录网址：http://rwsk.hustp.com （注册时请选择普通用户）

> 注册 〉 完善个人信息 〉 登录

② 查看课程资源：（如有学习码，请在个人中心-学习码验证中先验证，再进行操作）

选择课程

首页课程 〉 课程详情页 〉 查看课程资源

（2）手机端扫码操作步骤

手机扫码 → 登录 → 查看数字资源

注册

如申请二维码资源遇到问题，可联系编辑宋焱：15827068411

总　序

以数字经济为代表的新经济已经成为推动世界经济增长的主力军。数字商务作为先进的产业运营方法，以前沿、活跃、集中的表现方式，助推数字经济快速增长。在新的发展时期，我国数字商务的高速发展能有效提升产业核心竞争力，对我国经济的高质量发展有重要的意义。在此背景下，数字商务职业教育面临愈加复杂和重要的育人育才责任。

（一）新一代信息技术推动产业结构快速迭代，数字经济发展急需数字化人才

职业教育最重要的特质与属性就是立足产业与经济发展的需求，为区域经济转型和高质量发展提供大量高素质技术技能人才。以大数据、云计算、人工智能、区块链和5G技术等为代表的新一代信息技术全方位推动整个社会产业经济结构由传统经济向数字经济快速迈进。数字经济已经成为推动世界经济增长的主力军。

产业数字化是数字经济中占比非常大的部分。在产业数字化中，管理学和经济学领域的新技术、新方法、新业态、新模式的应用带来了较快的产业增长和效率提升。过去十年，中国数字经济发展迅速，增长速度远远高于同期 GDP 增长率。

持续发展的通信技术、庞大的人口基数、稳固的制造业基础以及充满活力的巨量企业是中国数字经济持续向好发展的基础与保障，它们使得中国数字经济展现出巨大的增长空间。数字经济覆盖服务业、工业和农业各领域，企业实现数字化转型成为必要之举，熟悉数字场景应用的高素质人才将成为未来最为紧缺的要素资源，因此，为企业培养和输出经营、管理与操作一线人才的职业教育急需做出改变。

（二）现代产业高质量发展，急需明确职业教育新定位、新目标

2019 年以来，人力资源和社会保障部联合国家市场监督管理总局、国家统计局正式发布一批新职业，其中包括互联网营销师、区块链工程技术人员、信息安全测试员、在线学习服务师等市场需求迫切的 38 个新职业。这些新职业具有明确的培养目标和课程体系，对培养什么样的人提出了明确的要求。

专业升级源自高质量发展下的产业升级。在全球数字化转型的背景下，如何将新一代信息技术与专业、企业、行业各领域深度融合，对新专业提出了新要求。2021 年 3

月,教育部印发了《职业教育专业目录(2021年)》。该专业目录通过对接现代产业体系,主动融入新发展格局,深度对接新经济、新业态、新技术、新职业。同时,新专业被赋予新内涵、新的一体化知识体系、新的数字化动手能力,以有效指导院校结合区域高质量发展需求开设相关专业。

具备基本的数字经济知识基础将成为职业院校培养高素质技术技能人才的基本要求。职业院校要运用新一代信息技术,通过知识体系重构向学生传授数字化转型所需要的新知识;要学习大数据、云计算、人工智能、区块链、5G等新技术,让学生适应、服务、支持新技术驱动的产业发展;要与时俱进地传授数字技能,如数据采集与清洗、数据挖掘与分析、机器人维修与操作、数字化运营、供应链管理等,因为学生只有具备数字技能,才能在未来实现高质量就业。

为什么要在这个时间节点提出"数字商务专业群建设"这一概念,而不是沿用传统的"电子商务专业群建设"概念?可以说,这是时代的需要,也是发展的选择。电子商务是通过互联网等信息网络销售商品或者提供服务的经营活动,它强调的是基于网络;而数字商务是由更新颖的数字技术,特别是将大数据广泛应用于商务各环节、各方面形成的经营活动,它强调的是基于数据。

1.数字商务包括电子商务,其内涵更丰富,概念更宽广

商务部办公厅于2021年1月发布的《关于加快数字商务建设 服务构建新发展格局的通知》,将电子商务理解为数字商务最前沿、最活跃、最重要的组成部分。与2009年北京市商务局部署数字商务工作时对二者关系的理解一样,数字商务除了电子商务外,还包括电子政务、运行监测、政府储备、安全监督、行政执法、电子口岸等方面与商务相关的更广泛的内容。

2.数字商务比电子商务模式更新颖

无论是实践发展还是理论的流行,数字商务都要比电子商务晚一些。数字商务是电子商务发展到一定阶段的产物,是对电子商务的进一步拓展。这种拓展不是量变,而是带有质变意义的新的转型与突破,可以带来更新颖的商务模式。

3.数字商务更强调新技术,特别是大数据赋能

上述新颖的商务模式是由5G、物联网、大数据、人工智能、区块链等较为新颖的技术及其应用,特别是大数据的应用催生的。数据驱动着更前沿的数字技术广泛应用于实体经济中商务活动的各环节、各方面,可以进一步突破先前电子商务的边界,包括打破数字世界与实体世界的边界,使数字技术更深入地融入实体经济发展。

4.数字商务更强调数字技术跨领域集成、跨产业融合的商务应用

相比电子商务,数字商务不仅包括基于互联网开展的商务活动,还将数字化、网络化的技术应用延展到商务活动所连接的生产与消费两端;不仅包括电子商务活动的直接关联主体,而且凭借物联网等技术延展到相关的客体以及与开展商务活动相关的所

有主体和客体,其主线是产商之间的集成融合。这种跨界打通产供销、连接消费和生产、关联服务与管理的应用,是数字商务提升商务绩效的基础。

5.数字商务结合具体的应用场景,更深度地融入实体经济

与电子商务相比,数字商务是更基于应用场景的商务活动,即在不同的产业应用场景之下,以多种数字技术实现的集成应用具有不同的内容与形式。实际上,这正是数字商务更深度地融入实体经济的体现。换个角度来理解,如果没有具体应用场景的差别,在各行各业各种条件之下数字技术的商务应用都是千篇一律的,那么,商务的智能化也就无从谈起。从特定角度来看,数字商务的智能化程度越高,就越能灵敏地反映、精准地满足千差万别的应用场景下不同经济主体的需要。

大力发展数字商务,不断将前沿的数字技术更广泛、更深入地应用于各种商务活动,必将进一步激发电子商务应用的活力和功效,不断推动电子商务与数字商务的整体升级。更重要的是,范围更广、模式更新的数字商务应用,必将为自电子商务应用以来出现的商务流程再造带来新的可能性,从而为商务变革注入新的发展动能。

本系列教材的理念与特点是如何体现的呢?专业、课程与教材建设密切相关,我国近代教育家陆费逵曾明确提出"国立根本,在乎教育,教育根本,实在教科书",由此可见,优秀的教材是提升专业质量和培养专业人才的重要抓手和保障。

第一,现代学徒制编写理念。教材编写内容覆盖企业实际经营过程中的整个场景,实现教材编写与产业需求的对接、教材编写与职业标准和生产过程的对接。

第二,强化课程思政教育。教材是落实立德树人根本任务的重要载体。本系列教材以《高等学校课程思政建设指导纲要》为指导,推动习近平新时代中国特色社会主义思想进教材,将课程思政元素以生动的、学生易接受的方式充分融入教材,使教材的课程思政内容更具温度,具有更高的质量。

第三,充分体现产教融合。本系列教材主编团队由全国电子商务职业教育教学指导委员会委员,以及全国数字商务(电子商务)学院院长、副院长、学科带头人、骨干教师等组成,全国各地优秀教师参与了教材的编写工作。教材编写团队吸纳了具有丰富的教材编写经验的知名数字商务产业集群行业领军人物,以充分反映电子商务行业、数字商务产业集群企业发展最新进展,对接科技发展趋势和市场需求,及时将比较成熟的新技术、新规范等纳入教材。

第四,推动"岗课赛证"融通。本系列教材为"岗课赛证"综合育人教材,将电子商务证书的考核标准与人才培养有机融合,鼓励学生在取得电子商务等证书的同时,积极获取包括直播销售员、全媒体运营师、网店运营推广职业技能等级(中级)、商务数据分析师等多个证书。

第五,教材资源数字化,教材形式多元化。本系列教材构建了丰富实用的数字化资源库,包括专家精讲微课、数字商务实操视频、拓展阅读资料、电子教案等资源,形成图文声像并茂的格局。部分教材根据教学需要以活页、工作手册、融媒体等形式呈现。

第六,数字商业化和商业数字化加速融合。以消费者体验为中心的数字商业时代,商贸流通升级，制造业服务化加速转型，企业追求快速、精准响应消费者需求，最大化品牌产出和运营效率，呈现"前台—中台—后台"的扁平化数字商业产业链，即前台无限接近终端客户，中台整合管理全商业资源，后台提供"云、物、智、链"等技术以及数据资源的基础支撑。数字商业化和商业数字化的融合催生了数字商业新岗位，也急需改革商科人才供给侧结构。本系列教材以零售商业的核心三要素"人、货、场"为依据，以数字经济与实体经济深度整合为出发点，全面构建面向数字商务专业群的基础课、核心课，以全方位服务高水平数字商务专业群建设，促进数字商业高质量发展。

根据总体部署，我们计划在"十四五"期间，结合两大板块对本系列教材进行规划和构架。第一板块为数字商务专业群基础课程，包括数字技术与数据可视化、消费者行为分析、商品基础实务、基础会计实务、新媒体营销实务、知识产权与标准化实务、网络零售实务、流通经济学实务等。第二板块为数字商务专业群核心课程，包括视觉营销设计、互联网产品开发、直播电商运营、短视频制作与运营、电商数据化运营、品牌建设与运营等。当然，在实际执行中，可能会根据情况适当进行调整。

本系列教材是一项系统性工程，不少工作是尝试性的。无论是编写系列教材的总体构架和框架设计，还是具体课程的挑选以及内容和体例的安排，都有待广大读者来评判和检验。我们真心期待大家提出宝贵的意见和建议。本系列教材的编写得到了诸多同行和企业人士的支持。这样一群热爱职业教育的人为教材的开发提供了大量的人力与智力支撑，也成就了职业教育的快速发展。相信在我们的共同努力下，我国数字商务职业教育一定能培养出更多的高素质技术技能人才，助力数字经济与实体经济发展深度整合，助推数字产业高质量发展，为我国从职业教育大国迈向职业教育强国贡献力量。

丛书编委会
2024 年 1 月

前　言

在大数据和人工智能迅速发展的今天,商务数据分析已成为现代企业运营中不可或缺的一环。掌握商务数据分析技能,不仅能够为企业决策提供科学依据,还能有效提升个人的求职竞争力。然而,对于高职学生而言,如何快速入门并掌握商务数据分析的核心技能,就成为一个亟待解决的问题。

基于此,我们精心编写了《商务数据分析与应用》这本教材。本教材是"数字商务专业群"系列教材之一,也是武汉外语外事职业学院国际商旅服务专业群、酒店管理与数字化运营专业群的建设成果。本教材旨在通过系统化的课程设计和贴近实战的案例分析,帮助高职学生全面了解商务数据分析的各个环节,从数据的收集、处理、分析到结果展示,每一步都进行了详尽的阐述。同时,本教材还特别强调了人工智能技术在商务数据分析中的应用,通过引入自然语言处理、机器学习、深度学习等前沿技术,帮助学生拓宽视野,提升商务数据分析的深度和广度。

在编写过程中,我们充分考虑了高职学生的学习特点和需求。本教材中列举了大量的图表和实例,力求使复杂的数据分析过程变得直观易懂。此外,本教材还特别设置了课后巩固实训环节,通过模拟真实场景,让学生亲身体验商务数据分析的全过程,帮助学生及时巩固所学知识,提升实际操作能力,从而更好地理解和掌握相关技能。

我们相信,通过对本教材的学习,学生能够全面提升商务数据分析能力,为未来的职业发展奠定坚实的基础。同时,我们也期待更多的学生能够在这一领域不断探索和创新,为推动企业发展和社会进步贡献自己的力量。

本书编者
2025 年 3 月

目 录

数字资源目录

项目一　初识商务数据分析

　　随着大数据、云计算、人工智能技术的发展,企业已经从过去的"粗放式"运营转变为当前注重数据分析的精细化运营。数据分析与挖掘在当下越来越受到重视,越来越多的人热衷于从事数据分析师这一职业。一名合格的数据分析师必须深入了解数据分析的方方面面,具备数据分析的常识,熟练掌握数据分析的方法,能运用合适的数据分析工具进行数据分析与挖掘。本项目将引领学生初步认识商务数据分析的基本概念、工作流程、方法和工具,以及成为一名数据分析师应该具备的能力要求与相关就业方向。

学习目标

- 了解商务数据分析的基本概念。
- 了解商务数据分析的工作流程。
- 了解商务数据分析的方法和工具。

素养目标

- 树立大数据发展理念,培养数据运营思维。
- 培养尊重数据、实事求是、科学严谨的精神和态度。
- 提升对数据分析行业的认知,树立爱岗敬业的观念。

任务一　商务数据分析认知

一、商务数据分析的定义

　　在大数据时代,数据已经渗透到各个行业的业务职能领域,成为人们生活和工作中不可缺少的重要组成部分。电子商务的发展日新月异,极大地改变了人们的生活。电商运营过程中会积累大量的数据，如何对这些数据进行采集、存储和分析是电商运营和发展的关键。"大数据"概念的提出，使数据处理的理论和方法得到丰富和拓展。既然说到数据，首先就要弄清楚数据、信息和大数据的含义。

（一）数据

数据是指对客观事件进行记录并可以鉴别的符号，是构成信息或知识的原始材料。数据不单纯指各种 Excel 表格或数据库，图书、图片及视频等都属于数据的范畴。由此可见，数据不仅指狭义上的数字，还可以是具有一定意义的文字、字母和数字符号的组合。当然，不同行业、不同企业在数据的获取途径、分析目的和分析方法上各有不同。其中，商务数据主要是指记载商业、经济等活动领域的数据符号。

（二）信息

信息与数据既有区别，又有联系。数据本身并没有什么价值，有价值的是从数据中提取出来的信息。数据是信息的表达和载体，信息则是数据的内涵。数据与信息是不可分离的，它们之间的关系如图 1-1 所示。

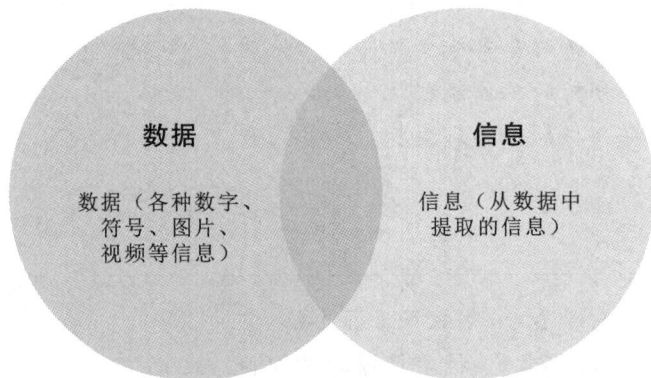

数据

数据（各种数字、符号、图片、视频等信息）

信息

信息（从数据中提取的信息）

图 1-1　数据与信息的关系

（三）大数据

近年来，大数据在互联网和信息行业的发展引起了广泛关注。相对于数据而言，大数据究竟"大"在哪里？首先，大数据的"大"主要体现在数据的体量大；其次，体现在数据的范围大，大数据不仅包括相关组织机构内部的数据，还包括组织机构外部的数据；最后，大数据不仅涉及结构化的数据，还涉及非结构化的数据。通过大数据的分析，提取的信息内容会更加精准。

（四）数据分析

数据分析是指用适当的统计分析方法对收集来的大量数据进行分析，将其加以汇总、理解并消化，以求最大化地开发数据的功能，发挥数据的作用。数据分析是为了提取有用信息及形成结论而对数据进行详细研究和概括总结的过程。

（五）商务数据分析

商务数据分析是通过数据和数据分析方法解决商业问题，帮助业务持续改进的过程。商务数据分析有以下 3 个特点。

1.数据和数据分析的方法是必不可少的

管理学领域有很多解决商业问题的理论方法，如人们耳熟能详的 SWOT 分析、STP战略、RFM 模型等。这些理论方法的重点大多是提供识别和思考问题的框架，换言之，就是对问题及发展趋势做出方向性的判断。但是，在具体的商业活动中，不仅需要识别商业问题，还要判断问题的严重程度；不仅需要了解商业趋势，还要对其变化节奏有所掌控和预判，才能做出合理的应对行为。数据和数据分析方法正是为了实现这部分要求而提出的。因此，数据分析方法与既有的商业理论方法并不冲突，事实上，恰当地将两者融合正是充分发挥商务数据分析价值的关键。

2.商务数据分析解决的是与商业有关的问题

商务数据分析不是学术研究，其关注的是解决真实的商业问题，而不是对分析方法的探究。刚进入商务数据分析行业的从业者会发现，他们在日常工作中最常使用的工具是 SQL、Excel 和 PPT，最常进行的操作是寻找和清理数据，做描述性分析，以及画图、做表、写报告，甚至大量时间花在了解业务、倾听需求、出席会议、寻求合作上。总之，商务数据分析相关工作主要以解决实际问题为导向，与以掌握知识为目标的理论学习、以学术创新为目标的研究工作有明显的不同。

3.商务数据分析是一个没有终点的过程

只要一个企业仍然在运转，它就会在产业环境、行业竞争、运营管理、客户获取和留存等方面遇到新的挑战。商务数据分析就是不断收集、整理和探索与企业相关的各种数据，通过分析数据，不断发现问题、解决问题的过程。通过数据分析，能够拓展业务边界、发现创新点。

从以上特点来看，商务数据分析是一门非常强调实用性的学科，要想学好它，不但要具备必要的数据分析专业知识,还要对其特点有充分的理解,并能根据数据问题的特点设计出合理的解决办法。解决数据问题最有效的路径,就是把数据问题映射到实际的商业场景中,将业务问题和数据问题对照参考,深入分析,理解两者之间的关联和转化。

二、商务数据分析的意义

(一)判断行业的市场现状和竞争格局,预测发展趋势

行业规模和市场需求决定了电商运营者的进入策略和推广策略,掌握行业信息对电商运营者意义重大。电商运营者参与市场竞争,不仅要明确自己的客户群体,还要了解自己的竞争对手。电商运营者通过行业数据分析,掌握行业的市场现状、发展趋势和竞争情况,了解竞争对手的情况,准确判断市场现状和竞争格局,预测行业发展趋势和竞争对手的战略目标,合理地规划设计发展路径,以确保自己的行业地位。

(二)改善客户关系,提升客户满意度,实现客户忠诚

"客户至上"已经成为许多电商运营者的服务宗旨,其深层目的在于改善客户关系,提升客户满意度,实现客户忠诚。电商运营者通过数据分析能够了解客户的用户特征、购买行为和消费偏好,进而分析客户价值,开展有针对性的客户关怀活动,提高老客户的忠诚度,增加新客户数量,实现客户关系的改善和提升。

(三)改善用户体验,提高商品的投资回报率

通过分析用户特征、商品需求等数据,电商运营者可以改善现有的客户服务或推出新的商品。当新研发的商品或更新包装的商品投入市场时,电商运营者可以根据已经建立的数据模型进行测试或实境模拟,发掘用户新的需求,改善用户体验,提高商品的投资回报率。例如,电商运营者可基于商品的历史评价,以及社交网络、网络论坛等渠道的数据,运用数据分析技术进行深入挖掘,并通过实境模拟来判断在哪种情况下商品的投资回报率最高。

(四)精细化运营,运用差异化的营销策略

在数字化时代,电商运营者需要进行精细化运营才能更好地从管理、营销等方面提升用户体验,同时可以采取差异化的服务,满足不同客户群体的需要。电商活动是由供应链组成的系统,其中涉及从采购到销售的各个环节,数据分析能帮助电商运营者细分

客户群体,针对特定群体采用差异化的营销策略,或根据现有营销目标筛选客户群体,从而提高投入产出比,实现营销推广优化。

任务二　商务数据分析的工作流程

商业数据分析的目标是利用大数据做出高质量、高效率的决策,并提供可规模化的解决方案。那么,在面对海量的数据信息时,该从何入手? 如何判断先做什么后做什么? 以下总结了商务数据分析的 6 个基本步骤(见图 1-2)。

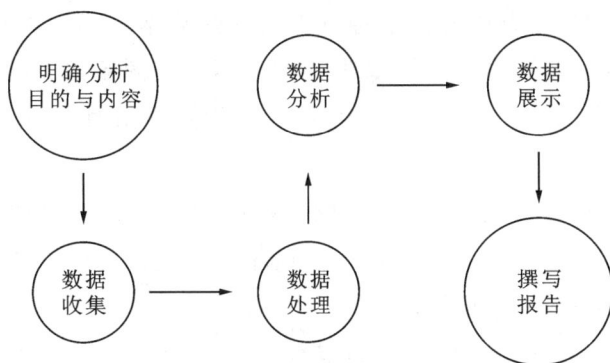

图 1-2　商务数据分析的基本步骤

第一步:明确分析目的与内容。首先要明确分析目的,把分析目的分解成若干个分析要点,其次梳理分析思路,最后搭建分析框架。

第二步:数据收集。数据收集是按照确定的数据分析内容,有目的地从多渠道收集相关数据的过程。数据收集为数据分析提供了基本的素材和依据。数据的获取分为直接获取与间接获取。直接获取的数据称为一手数据,是指通过统计调查或科学实验得到的数据;间接获取的数据称为二手数据,主要指通过查阅资料、使用数据统计工具加工整理后得到的数据。

获取数据的渠道大致分为以下 6 类,如表 1-1 所示。

表 1-1　获取数据的渠道

数据获取渠道	各渠道数据来源
公开出版物	《中国统计年鉴》《中国社会统计年鉴》《中国人口统计年鉴》《世界经济年鉴》《全球发展报告》等统计年鉴或报告
企业内部数据库	企业一般都有内部的业务数据库,包含企业成立以来的相关业务数据,企业内部数据库就是一个庞大的数据源
互联网数据	国家及地方统计局网站、行业组织网站、政府机构网站、传播媒体网站、大型综合性门户网站等
数据分析工具	淘宝指数、百度指数、微指数、魔镜等

续表

数据获取渠道	各渠道数据来源
市场调查	运用科学的方法,有目的地、系统地收集、记录、整理有关市场营销的信息和资料,分析行业市场情况,了解行业市场现状及发展趋势,为市场预测和营销决策提供客观、准确的数据资料。市场调查渠道可以弥补其他数据获取渠道的不足,但进行市场调查所需的费用较高,且存在一定误差
网络爬虫	网络爬虫,也称网络蜘蛛或网络机器人,是按照一定的规则,自动抓取不同互联网站点(或软件)信息的程序或脚本,如八爪鱼采集器、爬山虎采集器等

第三步:数据处理。数据处理是指对所收集到的数据进行加工整理,形成适合进行数据分析的样式。这一步骤是开展数据分析前必不可少的阶段。数据处理的基本目的是从大量的、杂乱无章的、难以理解的数据中抽取并推导出对解决问题有价值、有意义的数据。

数据处理主要包括数据清洗、数据转化、数据提取、数据计算等处理方法。一般而言,原始数据都需要进行一定的处理才能用于后续的数据分析工作。数据处理是数据分析的前提,对有效数据进行分析才有意义。

第四步:数据分析。数据分析是指通过统计分析或数据挖掘等技术对处理过的数据进行分析和研究,从中发现数据内部的关系和规律,为解决问题提供参考。

在第一步明确分析目的与内容阶段,数据分析师就应当为所分析的数据内容确定合适的数据分析方法,后续在数据分析阶段就能够从容地进行分析和研究了。

数据分析工作大多是通过软件来完成的,这就要求数据分析师不仅要掌握各种数据分析方法,还要熟悉主流的数据分析工具。一般的数据分析工作可以使用 Excel 完成,高级的数据分析工作则需要使用专业的统计软件,如 SPSS 等。常用的数据分析工具包括 Excel、SQL、R 语言、Power BI、Python、Hive、SPSS 等。

第五步:数据展示。通过数据分析,隐藏在数据内部的关系和规律就会逐渐浮现出来,那么如何将这些关系和规律更加直观地展示出来呢?一般情况下,表格和图形的形式能更有效地呈现出数据间的关系和规律,也更容易被理解。常用的数据图表类型包括饼图、柱形图、条形图、折线图、气泡图、散点图、雷达图等。此外,还可以对相关数据进一步整理加工,制成金字塔图、矩阵图、漏斗图、帕累托图等。

第六步:撰写报告。数据分析报告是对整个数据分析过程的总结与呈现。报告应将数据分析工作的起因、过程、结果,以及为后续业务开展提出的建议或解决方案完整地呈现出来,以供决策者参考。首先,一份好的数据分析报告要搭建一个好的分析框架,做到层次明晰、图文并茂,能够让阅读者一目了然。其次,数据分析报告需要有明确的结论。没有明确结论的分析称不上分析,也失去了报告的意义。最后,好的分析报告一定要提出合理的建议或解决方案。数据分析报告通过对数据全方位的科学分析来评估企业运营质量,可为决策者提供科学、严谨的决策依据,从而降低企业运营风险,提高企业核心竞争力。

任务三 商务数据分析的方法和工具

一、商务数据分析的方法

商务数据分析是通过对商业活动相关的数据进行处理和分析,以达到辅助决策和支持运营目标的过程。以下是几种常见的商务数据分析方法和应用场景。

(一)逻辑树

逻辑树,又称问题树、演绎树、分解树,是将问题的所有子问题分层罗列,从最高层开始逐步向下扩展分析的模型。如图 1-3 所示,把一个已知问题当成树干,然后考虑该问题和哪些问题相关,每想到一个问题,就给这个问题"树干"上加一个"树枝",并标明这个"树枝"代表什么子问题。一个大的"树枝"上还可以有其他的"树枝"。以此类推,直到找出已知问题所有的关联问题。

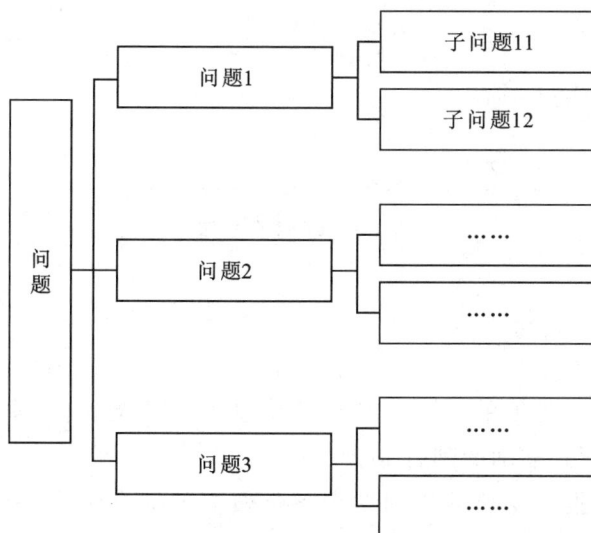

图 1-3 逻辑树分析法

逻辑树的主要作用是帮助人们理清自己的思路,避免进行重复和无关的思考。这一方法能保证问题解决过程的完整性,将复杂的工作分解为便于操作的若干任务,并确定任务操作的优先顺序,明确把责任落实到个人。

（二）PEST分析法

PEST分析法是战略咨询顾问用来帮助企业检阅其外部宏观环境的一种方法，是一种用于分析宏观环境的方法。宏观环境又称一般环境，是指一切影响行业和企业的各种宏观因素。不同的行业和企业在对宏观环境因素进行分析时，因自身特点和经营需要的不同，分析的具体内容会有一定的差异，但一般都会包括政治（political）、经济（economic）、社会（social）和技术（technological）四大主要外部环境因素。PEST即四大因素的缩写，此分析方法称为PEST分析法（见图1-4）。

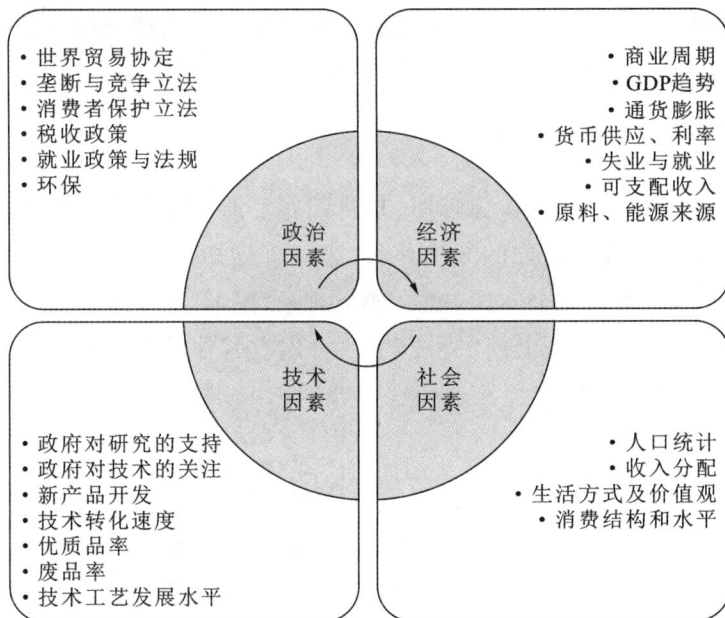

图1-4　PEST分析法

（三）多维度分析方法

多维度分析是为了避免单一视角导致的信息不全或错误，从多个角度对事件进行分析，以获得更加全面和准确的理解。

网站的数据分析报告反映的是网站中各类数据的综合情况，一般包括网站的总访问量、总停留时间、总销售量等。这些综合数据无法具体体现用户在不同页面、不同内容、不同渠道的停留时间及访问量等数据，因此无法对不同属性的流量数据进行正确的判断。

为了看清问题的本质，电商运营者需要从业务角度出发，从多个维度对各指标进行拆解。例如，某网站的跳出率是0.47，平均访问深度是4.39，平均访问时长是0.55分钟,如果想提升用户参与度,面对这样的数据是无从下手的,但对这些指标进行拆解后就能更好地理清如何改善当前状况的思路。

（四）AARRR 模型分析

AARRR 是 acquisition(用户获取)、activation(用户激活)、retention(留存)、revenue(收入)、referral(传播)五个单词的缩写,分别对应一款产品的用户生命周期的五个重要环节(见图 1-5)。AARRR 模型是产品运营领域中比较常见的模型,其结合产品的特点以及产品的用户生命周期位置,关注不同的数据指标,最终制定不同的运营策略。

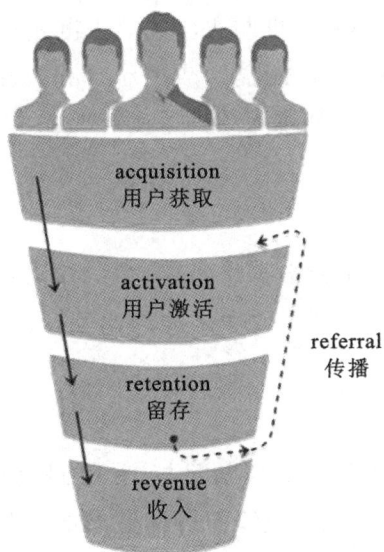

图 1-5　AARRR 模型

用户获取:用户如何发现(并接触)这款产品?

用户激活:用户第一次使用产品的体验如何?

留存:用户是否会再次接触产品(重复使用)?

收入:产品怎样(通过用户)赚钱?

传播:用户是否愿意将这款产品分享给其他用户?

AARRR 模型将数据分析分成了五大模块,依据这个模型,可将每一个模块划分出更细分的维度,罗列出影响每一个维度的变量,并整理成一些表格,这些表格就是进行数据分析的基础。

（五）对比分析法

对比分析法也称比较分析法,是把客观事物加以比较,从而认识事物的本质和规律并做出正确的评价。对比分析法通常是把两个相互联系的指标数据进行比较,从数量对比的角度展示和说明研究对象规模的大小、水平的高低、速度的快慢,以及各种关系是否协调。在对比分析中,选择合适的对比标准是十分关键的步骤,选择的标准恰当才能做出客观的评价,选择的标准不恰当可能得出错误的结论。对比分析法可以选择不同的维度进行比较,常见的维度如下。

1.时间维度

时间维度将不同的时间指标数据作为对比标准,是一种常见的对比维度。根据某一事物在对比期内发展变化的方向和程度的不同,可分为同比和环比。同比是以上年同期为基期相比较,即本期某一时间段与上年某一时间段相比。这类数据一般消除了季节变动带来的影响,如今年第一季度与去年第一季度相比。

环比是与上一个相邻统计周期相比较,表明统计指标逐期的发展变化,可以理解为第 n 季度与第 $n-1$ 季度的比较,如本年第四季度与第三季度相比。

2.空间维度

空间维度是将不同的空间指标数据作为对比标准,可以是企业中同级部门的比较,也可以是与行业内的标杆企业或竞争对手之间的比较等。

3.计划目标标准维度

计划目标标准维度是指实际完成值与目标、计划进度的比较。这类对比在实际应用中非常普遍,如企业本季度完成的业绩与目标业绩的比较、促销活动实际销售情况与原计划销售情况的比较等。

4.经验与理论标准维度

经验标准是指对大量历史资料进行归纳总结而形成的标准,理论标准则是指对已知理论进行推理而得到的依据,如对比农村、城镇的恩格尔系数等。

此外,还有分组分析法、结构分析法、关联度分析法等分析方法,其分别用于比较不同事物间的差异、划分数据对象并进行研究,以及找出数据集中变量间的相关性等。

二、常用商务数据分析工具

恰当地使用数据分析工具是数据分析工作中重要的一部分,数据分析方法的运用需要数据分析工具来支撑。选择何种数据分析工具与分析内容、应用领域息息相关。一些常用的数据分析工具如表1-2所示。

表1-2　商务数据分析工具汇总

应用领域	适用工具
数据收集	Python、Google Analytics、数极客等
数据清洗	Excel、SQL、Hives、Hadoop 等
数据可视化	Excel、Echart、PowerBI、Tableau 等
统计分析	Excel、Python、SAS、Stata、Eviews 等

在实际的数据分析工作中，需要处理的数据量通常非常大，有些统计学方法的计算过程十分复杂。在计算机普及的今天，各种数据分析工具的出现，使数据分析工作变得更加容易，只要充分理解统计学方法的基本原理和应用条件，就很容易使用统计软件进行数据分析。统计软件大致分为商业类统计软件和非商业类统计软件两大类。

商业类统计软件种类繁多，较有代表性的有 SAS、SPSS、Minitab、Stata 等。大家较熟悉的 Excel 虽然不是统计软件，但也可以进行一些常用的统计函数操作，可供非专业人员进行简单的数据分析。各商业类统计软件虽有不同的侧重点，但功能大同小异，能满足大部分人进行数据分析的需要。商业类软件操作起来相对简单，容易上手，其主要问题是价格不菲。此外，商业类统计软件的更新速度较慢，难以提供最新的解决方案。

非商业类统计软件则不存在价格方面的问题。目前较为流行的非商业类统计软件有 R 语言和 Python，二者都是免费的开源工具。R 语言是一款优秀的统计软件，也是一种统计计算语言。R 语言不仅支持各种常规的计算机系统，还具有诸多优点，比如：更新速度快，包含很多最新方法的解决方案；提供丰富的数据分析技术，功能十分强大；绘图功能强大，可以根据需求画出图形，从而实现可视化。此外，R 语言中的包（package）和函数多由统计学领域的专家开发，其参数设置也十分符合数据分析人员的逻辑思维方式。R 语言提供了完善的帮助文档和丰富的应用案例，即便是初学者，也能快速掌握使用方法。

Python 则是一种面向对象的解释型高级编程语言，并拥有丰富而强大的开源第三方库。Python 与 R 语言的侧重点略有不同，R 语言的主要功能是数据分析和可视化，功能强大，大多数数据分析工作可以由 R 语言提供的函数实现，不需要复杂的编程步骤，代码简单，容易上手。Python 的侧重点在编程上，其具有很好的普适性，但数据分析功能并不是其侧重点，在操作过程中要编写很长的代码，这对数据分析的初学者来说较为复杂，尽管如此，其仍然不失为一种有效的数据分析工具。

总之，商业类软件价格不菲，而且存在一定短板，作为免费开源的数据分析工具，R 语言和 Python 代表了数据分析领域未来的发展趋势，它们不仅功能强大，还有利于数据分析人员更好地理解统计方法的实现过程，加深对数据分析结果的理解和认识。

新手提升

数据分析人才素养提升

随着大数据技术的兴起和发展,数据分析师这一职业应运而生。数据分析师是专门从事数据的收集、整理与分析等工作,从数据中挖掘有价值的信息,并运用数据分析方法和工具制作数据分析报告的专业人员。在大数据时代,越来越多的运营者开始重视数据中蕴含的丰富价值,也对数据分析人才提出了更多的需求。

一、数据分析师的能力要求

首先,数据分析师需要具备扎实的统计学知识,包括概率论、数理统计、回归分析等,以便正确理解和解释数据。其次,熟练掌握数据分析工具,如Excel、SQL、Python、R语言、SAS等,能够高效地完成数据的采集、清洗、处理和分析等工作。此外,数据分析师还应具备良好的业务理解能力,全面了解所在行业和企业的业务内容,做到将数据分析结果与实际业务需求紧密结合。

在沟通表达方面,数据分析师需要将复杂的数据分析结果以直观、清晰的形式呈现给非技术人员,如采取图表、报告、演示等形式。同时,数据分析师应具备优秀的沟通协作能力,能够与各部门、各层级的同事开展有效沟通,共同完成数据分析项目。

最后,数据分析师还需要具备创新思维和解决问题的能力,能够灵活运用已有的知识和技能,创新性地提出问题解决方案。总之,数据分析师不仅仅是数据的处理者,更是企业决策的重要参与者,其能力要求涵盖了技术、业务、沟通和创新等多个层面。

二、相关就业方向

(1)数据分析师。专注于数据的收集、整理、分析和展示等,帮助企业做出基于数据的决策。

(2)数据工程师。负责构建和维护数据仓库、数据中台和数据模型,确保数据的高效存储和处理。

(3)数据科学家/挖掘师。运用统计学、机器学习等领域的知识和技术进行复杂数据分析,发掘隐藏在数据背后的规律和趋势。

(4)业务分析师。分析特定领域的数据,例如金融、电商、医疗等,结合业务知识,为业务决策提供支持。

（5）运营分析师。专注于数据驱动的运营优化，通过分析用户行为、产品性能等数据，提升运营效率。

（6）产品分析师。分析产品数据，评估产品表现，协助产品的设计和优化。

（7）数据产品经理。负责设计和管理数据产品，确保数据产品符合市场需求和用户期望。

（8）数据安全与隐私保护专家。负责确保数据的安全性和合规性，防止数据的泄露和滥用。

每个就业方向都有其独特的职责和技能要求，可以根据个人兴趣和职业规划选择适合自己的方向。随着技术的进步和数据应用的广泛，数据分析领域从业者的就业方向和职责也在不断扩展和深化。

三、电商数据分析师的成长建议

（一）提高各部门同事之间的信任度

作为一名电商数据分析师，在工作中需要与各部门同事打交道，正确处理好与各部门同事之间的关系，将极大地提高工作效率。

以销售岗位为例，作为一名销售人员，如果想要让客户购买你销售的商品，首先需要和客户建立起相互之间的信任，只有客户信任你，才会购买你销售的商品；相反，如果客户不信任你，那他也很难信任并购买你销售的商品。同理，电商数据分析师也要和各部门同事建立良好的人际关系，形成相互间的信任。只有各部门同事信任于你，才更容易接受你提出的数据分析结论和建议；否则，各项工作将很难顺利地开展下去。

（二）碰到数据分析需求时要有全局观

大多数电商数据分析师在日常工作中会出现这样的场景：领导在下达工作任务或同事需要帮助时，通常会说："请把昨天新商品上线后的相关数据发给我。"这时候大多数电商数据分析师可能会立刻回复："好的，我马上发给您！"于是立刻着手收集整理相关数据。但是作为一名优秀的电商数据分析师，此时应礼貌地询问："您要这些数据的用途是什么呢？"通过询问，明确得知数据需求者的目的，从而可以针对性地对数据进行整理和分析，这样得出的结论和建议才更具有借鉴性和可操作性。

一个优秀的电商数据分析师应该具有全局观，碰到数据分析需求时可以多问几个为什么，充分了解问题背景和分析目的，从而更好地完成数据分析任务。

（三）注重培养需求方的数据意识

如何培养需求方的数据意识呢？

首先，意识的形成需要一个不断培养的过程。在数据分析工作中，电商数据分析师需要与需求方不断进行沟通，需求方逐渐会形成一定的数据潜意识，在后续工作中遇到问题时，需求方就能意识到数据能帮助其解决许多问题。

其次,电商数据分析师在与需求方沟通时,要明确告知对方关键的数据能为其带来什么好处或能发挥什么作用,使需求方明白数据的重要性。

最后,要让需求方了解到数据不只是在分析之后才能发挥作用,还能实现前期预警、在执行过程中实施监督等,使需求方提高对数据的关注度。

(四)关注数据质量并做好质量验证

电商数据分析师必须高度关注数据的质量,并且要做好数据质量的验证工作。如何验证数据质量呢?我们可以从数据的来源、存放、获取、审查等方面着手。

① 数据来源。理解数据来源和数据收集过程的逻辑。

② 数据存放。理解数据在数据库中是如何存放的,如字段类型、小数位数及规则定义等。

③ 数据获取。理解数据的取数逻辑,以及在取数过程中数据是否转换或被重新定义。

④ 数据审查。拿到数据后对数据进行审查,进行有效性检验和异常值处理。

(五)在辅助决策中体现数据分析的价值

数据分析的价值在于推动业务开展、辅助决策,但是很多时候电商数据分析师做出的数据分析报告会让需求方觉得没有价值,没有价值的数据分析报告一般存在以下问题。

① 内容空洞,缺乏具体执行措施。

② 分析过程与业务流程不符。

③ 分析结论明显错误。

④ 结论正确,建议也明确,但是需求方无法落地实施。

课程思政

职 业 规 划

作为自主择业的主体,高校毕业生应增强自身职业规划的意识和能力,形成对自我、社会和职业的正确认知,在社会实践和专业学习的过程中培养正确的职业观,要把家国情怀融入自身的不懈奋斗中,将个人工作岗位置于国家发展大局中进行思考和定位,将实现个人理想与社会发展需要紧密结合,实现个人价值与社会价值的协调统一。

课后巩固

实训：了解商务数据分析流程

（1）实训目标。

熟悉商务数据分析的作用，熟悉商务数据分析的基本流程。

（2）实训内容。

5人一组，以小组为单位，认真学习商务数据分析的基本流程。

（3）实训步骤。

① 收集商务数据分析报告。

以小组为单位，在网络上收集商务数据分析报告，或者从网店或电商企业处获得商务数据分析报告。

② 分析商务数据分析报告。

认真阅读商务数据分析报告，分析报告的内容结构，讨论报告中使用的数据可以通过何种渠道获得，报告中使用了哪些数据分析方法、如何展现数据分析结果，以及报告中的数据分析结果对网店或电商企业的运营起到什么作用。

（4）实训评价。

进行小组自评和互评，撰写个人心得和体会，教师根据学生的心得和体会进行评价与指导。

项目二　数据的输入与编辑

在使用 Excel 处理数据之前，应先在表格中输入相关数据，再根据需要对这些数据内容进行编辑。本项目将详细介绍输入数据、计算表格中的数据及美化工作表等的相关操作，以帮助学生提高数据分析效率。

学习目标

- 掌握输入数据的方法。
- 掌握使用公式和函数两种方法对表格中的数据进行计算。
- 掌握快速美化表格的方法。

素养目标

- 通过实践提升数据输入与编辑的实际操作能力。
- 与他人合作完成数据处理任务，提高团队协作能力。
- 不断学习和探索新的数据处理技术和方法，保持与时俱进。

任务一　输 入 数 据

数据是 Excel 的灵魂。若表格中没有数据，该表格也就没有任何意义。表格中的数据不仅包括数字，还包括其他类型的数据，如文本、特殊符号、日期等。下面将对输入数据的方法进行介绍。

二维码 2-1

输入数据操作视频

一、输入数据的一般方法

在 Excel 中输入数字、负数、分数、中文文本和小数型数据时，首先选择单元格或双击单元格,然后直接输入数据,按"Enter"键确认输入;也可选择单元格,在编辑栏中输入数据,再按"Enter"键确认输入。

【例 2-1】 下面将在"图书销量统计表.xlsx"工作簿中输入文本、小数、一般数字和日期等普通数据,具体操作如下。

(1)打开素材文件"图书销量统计表.xlsx"工作簿(素材参见:素材文件\项目二\图书销量统计表.xlsx),在"Sheet1"工作表中选择 A2 单元格,输入数字"1",按"Enter"键查看输入结果。

(2)选择 B9 单元格,将鼠标指针定位至编辑栏中,输入日期"2023/12/20",按"Enter"键查看输入结果。

(3)选择 C9 单元格,将鼠标指针定位至编辑栏,并切换至中文输入法,输入文本"埃隆马斯克传",按"Enter"键确认输入。

(4)如图 2-1 所示,选择 F9 单元格,输入小数"42.5"。若输入的小数位数过长,单元格中可能显示不完全,此时可在编辑栏中进行查看。

	A	B	C	D	E	F
1	序号	日期	名称	作者	销量	单价
2	1	2023/12/10	额尔古纳河右岸	迟子建	2	32.5
3		2023/12/10	唐诗三百首	[清]蘅塘退士	3	58.5
4		2023/12/10	活着	余华	6	45.5
5		2023/12/10	苏东坡传	林语堂	7	36.9
6		2023/12/15	袁隆平传	姚昆仑	5	58.8
7		2023/12/15	三个火枪手	亚历山大·仲马	2	36.3
8		2023/12/17	海底两万里	儒勒·凡尔纳	3	20.8
9		2023/12/20	埃隆马斯克传	沃尔特·艾萨克森	3	42.5

图 2-1 输入数据的一般方法

二、输入特殊字符

在单元格中除了可以输入普通数据外,还可以利用插入符号功能输入特殊字符。

【例 2-2】 下面将在"图书销量统计表.xlsx"工作簿中输入特殊字符,具体操作如下。

(1)保持"图书销量统计表.xlsx"工作簿的打开状态,在"Sheet1"工作表中选择 H2 单元格,在"插入"选项卡下单击"符号"按钮。

(2)打开"符号"对话框,单击"符号"选项卡,在"子集"下拉列表中选择"其他符号"选项,并在列表框中选择实心五角星符号,然后单击"插入"按钮,如图 2-2 所示。

(3)连续单击"插入"按钮,插入多个相同符号,然后单击"关闭"按钮,关闭"符号"对话框,返回 Excel 工作界面浏览已添加的符号。

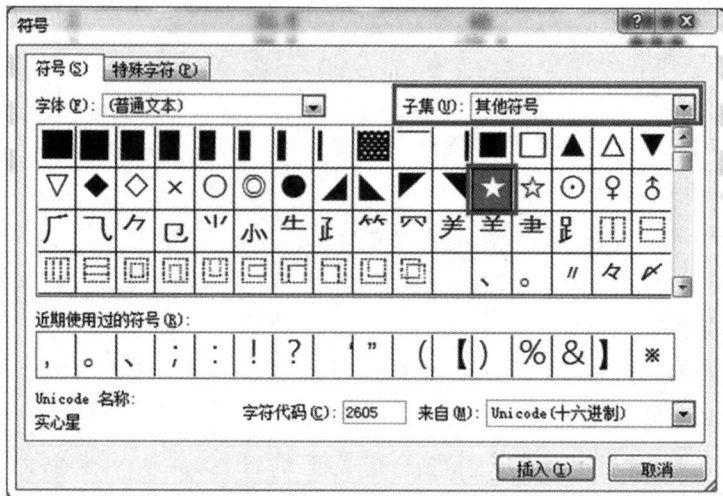

图 2-2 选择特殊符号

（4）按照相同的操作方法，在 H3：H9 单元格区域插入相同的特殊符号，最终效果如图 2-3 所示。

E	F	G	H
销量	单价	销售额	推荐阅读指数
2	32.5		★★★★
3	58.5		★★★
6	45.5		★★★
7	36.9		★★★
5	58.8		★★★
2	36.3		★
3	20.8		★
3	42.5		★★

图 2-3 插入特殊符号

三、快速填充数据

一般来说，没有规律的数据需要进行手动输入，但对于相同的或有一定规律的数据，如员工编号、部门名称等，则可通过填充的方式快速输入。

【例 2-3】 下面将在"图书销量统计表.xlsx"工作簿中快速填充"序号"列数据，具体操作如下。

（1）保持"图书销量统计表.xlsx"工作簿的打开状态，在"Sheet1"工作表中选择 A2 单元格，输入数字"1"，将鼠标移动至 A2 单元格右下角的填充柄上，当鼠标指针变为"＋"形状时，长按鼠标左键，并拖动至 A9 单元格。

（2）释放鼠标，选择的单元格区域中已填充相同的数字"1"。

（3）单击 A9 单元格右下角的"填充选项"按钮，在打开的下拉列表中单击"填充序列"项。

（4）拖动的单元格区域中的数据，将以"1"为单位进行递增填充，最终效果如图 2-4 所示。

	A	B	C	D
1	序号	日期	名称	作者
2	1	2023/12/10	额尔古纳河右岸	迟子建
3	2	2023/12/10	唐诗三百首	[清]蘅塘退士
4	3	2023/12/10	活着	余华
5	4	2023/12/10	苏东坡传	林语堂
6	5	2023/12/15	袁隆平传	姚昆仑
7	6	2023/12/15	三个火枪手	亚历山大·仲马
8	7	2023/12/17	海底两万里	儒勒·凡尔纳
9	8	2023/12/20	埃隆马斯克传	沃尔特·艾萨克森

图 2-4　填充效果

任务二　计算表格中的数据

学会使用 Excel 的数据计算功能可使复杂的数据计算工作变得简单。在 Excel 中计算数据，公式的运用起到了至关重要的作用，而 Excel 中的函数实质就是用于完成特定计算任务的预定义的公式，即"特殊公式"。下面将通过公式和函数两种方式对表格中的数据进行计算。

二维码 2-2
计算表格中的
数据操作视频

一、输入公式

在 Excel 中使用公式，首先要掌握公式的输入方法，可以在编辑栏或单元格中输入公式，也可以结合键盘和鼠标来输入公式。

【例 2-4】　下面将在"图书销量统计表.xlsx"工作簿的"Sheet1"工作表中输入公式，具体操作如下。

（1）保持"图书销量统计表.xlsx"工作簿的打开状态，在"Sheet1"工作表中选择 G2 单元格，并输入公式"＝E2＊F2"。

（2）此时，"Sheet1"工作表中被引用的两个单元格"E2"和"F2"将自动标记为不同的颜色，按"Enter"键得到最终计算结果（见图 2-5）。

E	F	G
销量	单价	销售额
2	32.5	65
3	58.5	
6	45.5	
7	36.9	
5	58.8	
2	36.3	
3	20.8	
3	42.5	

图 2-5 查看计算结果

二、复制公式

利用 Excel 编辑数据时,若需要在不同的单元格中输入多个结构相同的公式,可对公式进行复制或填充,这是计算同类数据的最快方法。

【例 2-5】 下面将在"图书销量统计表. xlsx"工作簿的"Sheet1"工作表中复制公式,具体操作如下。

(1)保持"图书销量统计表. xlsx"工作簿的打开状态,在"Sheet1"工作表中选择 G2 单元格,然后同时点击"Ctrl＋C"组合键复制公式。

(2)选择要粘贴公式的 G3 单元格,然后同时点击"Ctrl＋V"组合键粘贴公式。

(3)将鼠标指针移至 G3 单元格右下角的填充柄上,长按鼠标左键,并向下拖动至 G9 单元格。

(4)释放鼠标,G4:G9 单元格区域将自动显示计算结果,如图 2-6 所示。

E	F	G
销量	单价	销售额
2	32.5	65
3	58.5	175.5
6	45.5	273
7	36.9	258.3
5	58.8	294
2	36.3	72.6
3	20.8	62.4
3	42.5	127.5

图 2-6 显示计算结果

三、插入函数

在 Excel 中插入函数的方法主要有两种,一种是通过"插入函数"对话框插入函数,另一种是通过功能面板插入函数。

【**例 2-6**】 下面将在"图书销量统计表.xlsx"工作簿的"Sheet2"工作表中,利用"插入函数"对话框插入 SUM 函数,具体操作如下。

(1)保持"图书销量统计表.xlsx"工作簿的打开状态,单击"Sheet2"工作表标签,切换到"Sheet2"工作表。选择 D12 单元格,然后在"公式"选项卡的"函数库"组中单击"插入函数"按钮。

(2)打开"插入函数"对话框,在"或选择类别"下拉列表中选择"常用函数"选项,在"选择函数"列表框中选择"SUM"选项,单击"确定"按钮。

(3)打开"函数参数"对话框,单击"SUM"栏中"Number1"文本框右侧的"收缩"按钮。

(4)此时,"函数参数"对话框变为缩略状态,在"Sheet2"工作表中拖动鼠标选择 D4:D11 单元格区域,然后单击"函数参数"对话框中的"展开"按钮。

(5)返回"函数参数"对话框,确认"Number1"文本框中引用的单元格区域无误后,单击"确定"按钮。

(6)返回工作界面,便可在 D12 单元格中看到使用"SUM"求和函数计算出的开支合计数(见图 2-7)。最后同时点击"Ctrl+S"组合键保存工作簿,并单击"关闭"按钮关闭工作簿。

D12		f_x =SUM(D4:D11)		
▲	A	B	C	D
1		图书销量表		
2	产品名称:苏东坡传		单价:	36.9
3	门店名称	销售人员	销量	开支
4	众环书店	伊伊	300	3200
5	众环书店	牛大	78	1000
6	众环书店	微光	200	2500
7	众环书店	凡人	140	1800
8	博知书屋	唐春亮	58	1000
9	博知书屋	小火龙	40	800
10	博知书屋	柠檬	246	2750
11	博知书屋	红糖	200	3000
12	合计			16050

图 2-7 查看计算结果

四、应用嵌套函数

嵌套函数是指某个函数或公式以函数参数的形式参与计算。

【**例 2-7**】 下面将在"图书销量统计表.xlsx"工作簿的"Sheet2"工作表中,利用嵌套函数来判断销售人员的目标达成情况：若盈利值≥6000，为达标；盈利值≤3000，为未达标；盈利值介于3000与6000之间，为基本达标。具体操作如下。

（1）保持"图书销量统计表.xlsx"工作簿的打开状态，在"Sheet2"工作表中选择E4单元格，将鼠标指针定位至编辑栏，输入嵌套函数"＝IF（＄D＄2＊C4-D4）>=6000，"完成"，IF（＄D＄2＊C4-D4<=3000，"未完成"，"基本完成"））"。

（2）按"Enter"键，E4单元格中将显示出计算结果。再将鼠标指针移至E4单元格右下角的填充柄上，长按鼠标左键并向下拖动至E11单元格，释放鼠标，E5：E11单元格区域内将自动显示计算结果（见图2-8）。

图2-8　查看计算结果

五、常用函数介绍

（一）求和函数SUM

SUM函数属于数学与三角函数，其功能是返回所有参数之和。SUM函数的语法结构为SUM(number1,number2,number3,…)。使用此函数时需要注意以下几点。

（1）参数的数量范围为1～30个。

（2）若参数均为数值，则直接返回计算结果，如SUM(10,20)，将返回"30"；若参数中包含文本数字和逻辑值，则会将文本数字判断为对应的数值，将逻辑值TRUE判断为"1"，如SUM(10,20,TRUE)将返回"31"。

（3）若参数为引用的单元格或单元格区域的地址，则只计算单元格或单元格区域内为数字的参数，其他如空白单元格、文本、逻辑值或错误值等都将被忽略。

（二）求平均值函数 AVERAGE

AVERAGE 函数属于统计函数,其功能是返回所有参数的算术平均值。AVERAGE 函数的语法结构为 AVERAGE(number1,number2,number3,...)。使用此函数时需要注意的地方与 SUM 函数基本一致。

（三）求最大/最小值函数 MAX/MIN

MAX/MIN 函数属于统计函数,其功能是返回所有参数的最大值或最小值。MAX/MIN 函数的语法结构为:MAX(number1,number2,number3,...)或 MIN(number1,number2,number3,...)。使用此函数时需要注意的地方与 SUM 函数基本一致。

（四）取整函数 INT

INT 函数属于数学与三角函数,其功能是对数值进行向下取整,返回小于或等于该数值的最大整数。INT 函数的语法结构为 INT(number)。使用此函数时需要注意以下两点。

(1)会返回小于或等于数值的最大整数。如:INT(2.9)将返回 2;INT(−8.6)则返回−9。

(2)参数可以为单元格引用。如 INT(A3),此时便根据 A3 单元格的数据进行取整。

（五）条件函数 IF

IF 函数属于逻辑函数,其功能是根据对指定条件逻辑判断的真假结果,返回不同的值。IF 函数的语法结构为 IF(logical_test,value_if_true,value_if_false)。使用此函数时需要注意如下 5 点。

(1)logical_test 为第一参数,作用是 IF 函数判断的参照条件。

(2)value_if_true 为第二参数,表示当 IF 函数判断 logical_test 成立时将返回的值。

(3)value_if_false 为第三参数,表示当 IF 函数判断 logical_test 不成立时将返回的值。

(4)第二参数可以省略,此时若应该返回第二参数的值,则返回"0"。

(5)第三参数可以省略,此时若应该返回第三参数的值,则有两种情况:① 若第三参数前面的","省略,将返回 TRUE;② 若","未省略,将返回"0"。

（六）排位函数 RANK. EQ

RANK. EQ 函数属于统计函数，其功能是返回某一数值在一列数值中相对于其他数值的排名，如果单元格区域内有多个数值排名相同，则返回其最佳排名。RANK. EQ 函数的语法结构为 RANK. EQ(number,ref,order)。使用函数时需要注意以下 3 点。

（1）number 作为第一参数，表示需要查找排名的数值。

（2）ref 作为第二参数，表示需要查找的数值所处的单元格区域。

（3）order 作为第三参数，表示指定排名方式的数值。如果 order 省略或为"0"时，按降序排名；如果 order 非"0"时，按升序排名。

任务三　美化工作表

默认制作完成的 Excel 表格，样式单一，可能无法满足用户的实际需求。下面将通过套用表格样式、应用单元格内置样式等方法对表格进行快速美化，使编辑后的表格更加专业且美观。

二维码 2-3
美化工作表
操作视频

一、套用预设表格样式

如果想快速创建出专业、美观的工作表，又不想进行烦琐的手动设置，可使用 Excel 的套用表格样式功能，从而提高工作效率。

【例 2-8】　下面将对"图书销量统计表. xlsx"工作簿中的"Sheet1"工作表套用表格样式，具体操作如下。

（1）保持"图书销量统计表. xlsx"工作簿的打开状态，在"Sheet1"工作表中选择包含数据的任意一个单元格，这里选择 A4 单元格，然后单击"开始"选项卡，在"样式"组中单击"套用表格格式"按钮，在打开的下拉列表中选择"中等色"栏中的"红色，表样式中等深浅 3"选项。

（2）打开"创建表"对话框，在"表数据的来源"文本框中显示要应用样式的单元格区域，即整个表格数据区域，保持默认设置不变，然后单击"确定"按钮。

（3）返回工作界面，表格将自动套用所选择的表格样式，效果如图 2-9 所示。同时，在功能区中将自动显示"表格工具—表设计"选项卡，在其中可以对表格样式、表格样式选项和表格大小等参数进行设置。

	A	B	C	D	E	F	G	H
1	序号	日期	名称	作者	销量	单价	销售额	推荐阅读指数
2	1	2023/12/10	额尔古纳河右岸	迟子建	2	32.5	65	★★★★
3	2	2023/12/10	唐诗三百首	[清]蘅塘退士	3	58.5	175.5	★★★
4	3	2023/12/10	活着	余华	6	45.5	273	★★★
5	4	2023/12/10	苏东坡传	林语堂	7	36.9	258.3	★★★
6	5	2023/12/15	袁隆平传	姚昆仑	5	58.8	294	★★★
7	6	2023/12/15	三个火枪手	亚历山大·仲马	2	36.3	72.6	★
8	7	2023/12/17	海底两万里	儒勒·凡尔纳	3	20.8	62.4	★
9	8	2023/12/20	埃隆马斯克传	沃尔特·艾萨克森	3	42.5	127.5	★★

图 2-9　套用表格格式后的效果

二、应用单元格内置样式

单元格样式是一组已定义的格式特征。Excel 中内置了多种类型的单元格样式,通过使用这些内置的单元格样式,可以快速美化单元格,从而提高工作效率。

【例 2-9】　下面将对"图书销量统计表.xlsx"工作簿中的"Sheet2"工作表应用内置的单元格样式,具体操作如下。

(1)切换到"Sheet2"工作表,选择合并后的 A1 单元格,在"开始"选项卡的"样式"组中单击"单元格样式"按钮,在打开的下拉列表中选择"标题"栏中的"标题 1"选项。

(2)选择 A12:D12 单元格区域,在"开始"选项卡的"样式"组中单击"单元格样式"按钮,在打开的下拉列表中选择"主题单元格样式"栏中的"红色,着色 2"选项。

三、创建自定义单元格样式

如果内置的单元格样式不能满足用户的实际需求,用户可以自定义单元格样式,如设置字体格式、对齐方式、边框等。

【例 2-10】　下面将在"图书销量统计表.xlsx"工作簿的"Sheet2"工作表中设置并应用自定义的单元格样式,具体操作如下。

(1)保持"图书销量统计表.xlsx"工作簿的打开状态,在"Sheet2"工作表中单击"开始"选项卡的"样式"组中的"单元格样式"按钮,在打开的下拉列表中选择"新建单元格样式"命令。打开"样式"对话框,在"样式名"文本框中输入"目标",在"样式包括"栏中取消选中"数字"和"保护"复选框,然后单击"格式"按钮。

(2)打开"设置单元格格式"对话框,单击"对齐"选项卡,在"文本控制"栏中单击选中"缩小字体填充"复选框。

(3)单击“字体”选项卡,在“字体”下拉列表中选择“黑体”选项,在“字形”列表框中选择“加粗”选项,在“字号”列表框中选择“11”选项。

(4)单击“边框”选项卡,在“样式”列表框中选择第一列最后一个单实线,在“预置”栏中单击“外边框”按钮。

(5)单击“填充”选项卡,在“背景色”栏中选择“橙色”选项,然后单击“确定”按钮。

(6)返回“样式”对话框,确认新设置的单元格样式无误后,单击“确定”按钮。

(7)在“Sheet2”工作表中选择需要应用自定义单元格样式的区域,这里选择E4:E11单元格区域,然后单击“样式”组中的“单元格样式”按钮,在打开的下拉列表中选择“自定义”栏中的“目标”选项,即可快速应用自定义单元格样式,最终效果如图2-10所示(效果参见:效果文件\项目二\图书销量统计表.xlsx)。

	A	B	C	D	E
1	图书销量表				
2	产品名称:苏东坡传		单价:	36.9	
3	门店名称	销售人员	销量	开支	是否完成目标
4	众环书店	伊伊	300	3200	完成
5	众环书店	牛大	78	1000	未完成
6	众环书店	微光	200	2500	基本完成
7	众环书店	凡人	140	1800	基本完成
8	博知书屋	唐春亮	58	1000	未完成
9	博知书屋	小火龙	40	800	未完成
10	博知书屋	柠檬	246	2750	完成
11	博知书屋	红糖	200	3000	基本完成
12	合计			16050	

图 2-10 应用自定义单元格样式

新手提升

数据的编辑处理技巧

一、在单元格中输入特殊数据

特殊数据与普通数据不同的是,特殊数据不能通过键盘直接输入,需要进行设置或简单处理后才能正确输入,如输入以“0”开头的数据、输入以“0”结尾的小数、输入长数据等。

(一)输入以“0”开头的数据

默认情况下,在Excel单元格中直接输入以“0”开始的数据,在单元格中不能正确显示,如输入“0101”,会显示为“101”。此时可以通过相应的设置避免类似情况的出现,以"0101"数值为例,具体操作步骤为:首先在单元格中输入"0101"的数值,在"开始"选项卡"数字"组中单击"功能扩展"按钮,打开"设置单元格格式"对话框,单击"数字"选项卡,在"分类"列表框中选择"文本"选项,然后单击"确定"按钮。再次输入"0101"数值即可在单元格中正常显示。在选中该单元格时,单元格的右上角会出现一个黄色图标,单击该图标,在打开的下拉列表中选择"忽略错误"选项,可取消显示该图标。如果在打开的下拉列表中选择"替换为数字"选项,"0101"数值在单元格中便以默认的数字格式"101"显示。

(二)输入以"0"结尾的小数

与输入以"0"开头的数据类似,默认情况下,在 Excel 单元格中直接输入以"0"结尾的小数,在单元格中不能正确显示,如输入"100.00",会显示为"100"。此时可以通过相应的设置避免类似情况的出现,以"100.00"数值为例,具体操作步骤为:首先在单元格中输入"100.00"的数值,在"开始"选项卡"数字"组中单击"功能扩展"按钮,打开"设置单元格格式"对话框,单击"数字"选项卡,在"分类"列表框中选择"数值"选项,然后在"小数位数"数值框中输入需要显示小数位数的个数,如"100.00"即选择小数位数"2",单击"确定"按钮确认设置。再次输入"100.00"数值,即可在单元格中正常显示。

(三)输入长数据

Excel 单元格中能够正常显示 11 位数字,当输入超过 11 位数字时,在单元格中将以科学计数法形式显示,如输入身份证号码"110125365487951236",会显示为"1.10125E+17"。避免此类问题出现的具体操作步骤为:在工作表中选择需要输入身份证号码的单元格或单元格区域,单击鼠标右键,在弹出的快捷菜单中选择"设置单元格格式"命令,打开"设置单元格格式"对话框,单击"数字"选项卡,在"分类"列表框中选择"文本"选项,然后单击"确定"按钮。

二、在多个单元格中输入相同数据

如果需要在多个单元格中输入相同的数据,采用直接输入的方法效率比较低,此时可以采用批量输入的方法。具体操作为:选择需要输入数据的单元格或单元格区域,如果需要输入数据的单元格中有不相邻的,可以按住"Ctrl"键再逐一选中单元格,然后在编辑栏中输入数据,完成输入后同时点击"Ctrl+Enter"组合键,数据就会被填充到所有选择的单元格中(见图2-11)。

三、在多个工作表中输入相同数据

如果需要在多个工作表中输入相同的数据,可采取以下方法进行输入,以减少反复的操作。选择需要填充相同数据的工作表,先单击第一个工作表标签,然后按住"Shift"键单击最后一个工作表标签,选择多个相邻的工作表。如

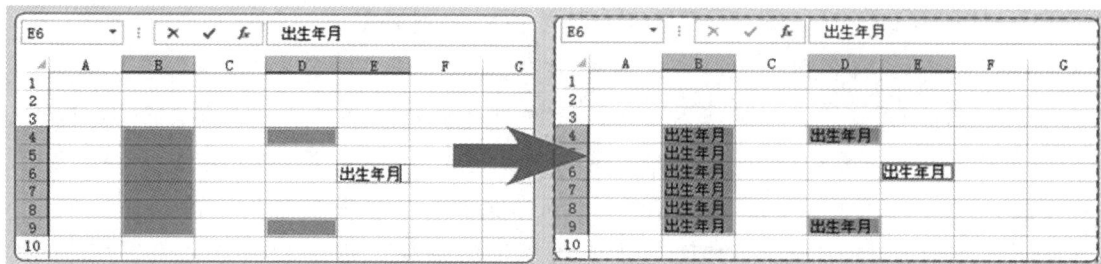

图 2-11　在多个单元格中输入相同数据

果要选择多个不相邻的工作表,可先单击第一个工作表标签,然后按住"Ctrl"键再单击要选择的其他工作表标签。完成工作表的选择后,在已选择的任意一个工作表内输入数据,则所有被选择的工作表的相同单元格均会自动填入相同的数据(见图 2-12)。

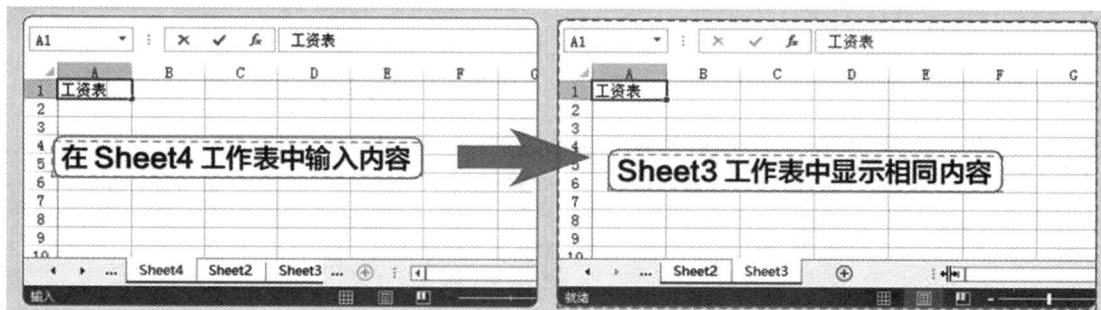

图 2-12　在多个工作表中输入相同数据

四、绘制斜线表头

当表格中含有多个项目时,为了清晰地表明行和列的信息,需要绘制斜线表头。斜线表头一般位于表格第一行第一列的第一个单元格中。在 Excel 中绘制斜线表头的具体操作方法为:选中 A1 单元格,单击鼠标右键,在弹出的快捷菜单中选择"设置单元格格式"命令,在打开的"设置单元格格式"对话框中单击"对齐"选项卡,在"垂直对齐"下拉列表中选择"靠上"选项,在"文本控制"栏中单击选中"自动换行"复选框。再单击"边框"选项卡,在"预置"栏中选择"外边框"选项,在"边框"栏中单击"向右倾斜斜线"按钮,单击"确定"按钮,关闭对话框。双击 A1 单元格,进入编辑状态,输入文本如"项目"和"月份",将鼠标光标定位到"项"字前面,连续点击"Space"键,使这 4 个字向后移动,由于该单元格已设置为自动换行,所以当"月份"二字超过单元格时,将自动切换到下一行。

课程思政

数　据　安　全

　　当前,大数据正在成为信息时代的核心战略资源,并对国家治理能力、经济运行机制、社会生活方式产生了深远的影响。与此同时,各项技术应用背后的数据安全风险也日益凸显。在数字经济进入快车道的时代背景下,如何开展数据安全治理,已成为人们普遍关注的问题。

课后巩固

实训：数据的输入与编辑练习

实训任务 1

请制作一个网店的商品信息表,最后效果如图 2-13 所示。

	A	B	C	D	E	F
1	商品信息表					
2	编号	商品名称	货号	商品价格	库存	上架时间
3	001	散装豆干300g	5711899044	¥18.80	8655	2024/1/18
4	002	长沙臭豆腐160g	6034570370	¥9.98	55830	2024/2/27
5	003	亲嘴烧怀旧180g	6140502924	¥10.90	4735	2024/3/3
6	004	麻辣鸭心20包	6147526663	¥29.80	9355	2024/3/4
7	005	海带丝12包	6244912924	¥21.90	3988	2024/3/6
8	006	鱼豆腐32包	6799872183	¥21.80	3987	2024/3/22
9	007	麻辣竹笋20包	6881657132	¥21.80	9905	2024/3/25
10	008	盐焗鸡蛋20枚	7078529739	¥26.82	15882	2024/4/4
11	009	手撕鸭肉干10包	8462316722	¥11.78	11669	2024/5/5
12	010	大辣片3包	8468911462	¥15.90	7851	2024/5/5
13	011	金针菇下饭菜10包	8987204924	¥36.90	11963	2024/5/20
14	012	手撕素肉卷10包	5432298269	¥11.61	20007	2024/6/14

图 2-13　商品信息表

任务要求如下：

(1)新建一个工作簿文件,命名为"商品信息表"。

(2)输入表头及每一列的列名。

(3)在 A3:A14 单元格中利用快速填充功能输入编号。

(4)在 B3:B14 单元格中输入商品名称,注意中英文切换。

（5）选中 C3:C14 单元格，通过"数据验证"功能，设置"验证条件"为"允许文本长度等于 10"，并设置出错警告。当输入无效数据时，以警告方式弹出对话框。

（6）选中 D3:D14 单元格，设置数据类型为"货币"，并保留两位小数。

（7）分别在对应的单元格输入商品的货号、价格、库存和上架时间，可自行设置日期样式。

实训任务 2

对实训任务一所制作的"商品信息表"进行编辑和处理，最后效果如图 2-14 所示。

编号	商品名称	商品规格	货号	商品价格	库存	上架时间
002	长沙臭豆腐	160g	6034570370	¥9.98	55830	2024/1/18
003	亲嘴烧怀旧	180g	6140502924	¥10.90	4735	2024/2/27
012	手撕素肉卷	10包	5432298269	¥11.61	20007	2024/3/3
009	手撕鸭肉干	10包	8462316722	¥11.78	11669	2024/3/4
010	大辣片	3包	8468911462	¥15.90	7851	2024/3/6
001	散装豆干	300g	5711899044	¥18.80	8655	2024/3/22
007	麻辣竹笋	20包	6881657132	¥21.90	9905	2024/3/25
006	鱼豆腐	32包	6799872183	¥21.90	3987	2024/4/4
005	海带丝	12包	6244912924	¥21.90	3988	2024/5/5
008	盐焗鸡蛋	20枚	7078529739	¥26.82	15882	2024/5/5
004	麻辣鸭心	20包	6147526663	¥29.80	9355	2024/5/20
011	金针菇下饭菜	10包	8987204924	¥36.90	11963	2024/6/14

图 2-14　商品信息表编辑效果

任务要求如下：

（1）设置表头合并单元格并居中；设置表头和列名宋体 16 号加粗；选中整个表格，设置对齐方式为"居中"。

（2）为信息表的单元格设置内外边框，并对表头单元格设置灰色填充，对列名设置蓝色填充。

（3）在"商品名称"右侧添加一列"商品规格"，然后对 B3:B14 单元格进行数据分列，分列的结果放置在"商品规格"列中。

（4）将表格数据按照商品价格升序排序；当商品价格一样时，按照"上架时间"降序排序。

项目三 数据的突出显示与可视化

使用 Excel 编辑表格时,除了要对数据进行美化和设置外,有时还需要对表格中的数据进行突出显示,或将数据以图表的形式展示出来,以方便用户查阅。本项目将讲解如何使用 Excel 中的条件格式功能对数据进行格式标识,同时对数据进行可视化操作,即利用图表功能使数据得以直观显示。

学习目标

- 掌握添加条件格式的操作。
- 了解商务数据可视化的常用图表类型。
- 掌握分析图表数据的方法。
- 掌握商务数据透视分析的方法。

素养目标

- 培养批判性思维和创新能力。
- 注重团队协作和沟通。
- 利用数据可视化技术,提高数据处理和分析的能力。

任务一 添加条件格式

利用 Excel 提供的条件格式功能,可以使工作表中某些符合条件的单元格应用特殊格式,如单元格底纹、字体颜色等。添加条件格式的操作包括通过数据条、色阶、图标集等形式突出显示数据,按规定要求显示数据,修改条件格式,等等。下面将对这几种操作进行详细介绍。

二维码 3-1
添加条件格式
操作视频

一、突出显示数据

突出显示数据是指利用 Excel 的条件格式功能,将工作表指定区域中的数值的大小情况,通过数据条、色阶、图标集等形式直观地显示出来。

【**例 3-1**】 下面将在"销售统计表.xlsx"工作簿中应用数据条、色阶和图标集3 种形式,具体操作如下。

(1)打开素材文件"销售统计表.xlsx"工作簿(素材参见:素材文件\项目三\销售统计表.xlsx),在"Sheet1"工作表中选择 F3:F23 单元格区域,单击"开始"选项卡"样式"组中的"条件格式"按钮,在打开的下拉列表中选择"数据条"选项,然后在打开的子列表中选择"渐变填充"栏中的"红色数据条"选项。

(2)返回 Excel 工作界面,即可看到添加数据条后的单元格效果。

(3)选中 G3:G23 单元格区域,单击"开始"选项卡"样式"组中的"条件格式"按钮,在打开的下拉列表中选择"色阶"选项,然后在打开的子列表中选择"白-红色阶"选项。

(4)返回 Excel 工作界面,即可看到添加色阶后的单元格效果。

(5)选中 I3:I23 单元格区域,单击"开始"选项卡"数字"组中的"展开"按钮。打开"设置单元格格式"对话框,在"数字"选项卡的"分类"列表框中选择"自定义"选项,在右侧的"类型"文本框中输入"已达标;;未达标",然后单击"确定"按钮。

(6)返回 Excel 工作界面,选中 I3:I23 单元格区域,单击"开始"选项卡"样式"组中的"条件格式"按钮,在打开的下拉列表中选择"图标集"选项,然后在打开的子列表中选择"其他规则"选项。

(7)打开"新建格式规则"对话框,单击"编辑规则说明"栏中"图标样式"按钮右侧的下拉按钮,在打开的下拉列表中选择"3 个星形"选项。

(8)设置"根据以下规则显示各个图标"栏,当值为">= 1",类型为"数字"的单元格设置为全黄的五角星显示,当值为">= 0"且"<1",类型为"数字"的单元格设置为半黄的五角星显示,当"<0"则设置为空白的五角星显示,然后单击"确定"按钮。

(9)返回 Excel 工作界面,即可看到添加图标集后的单元格效果(见图 3-1)。

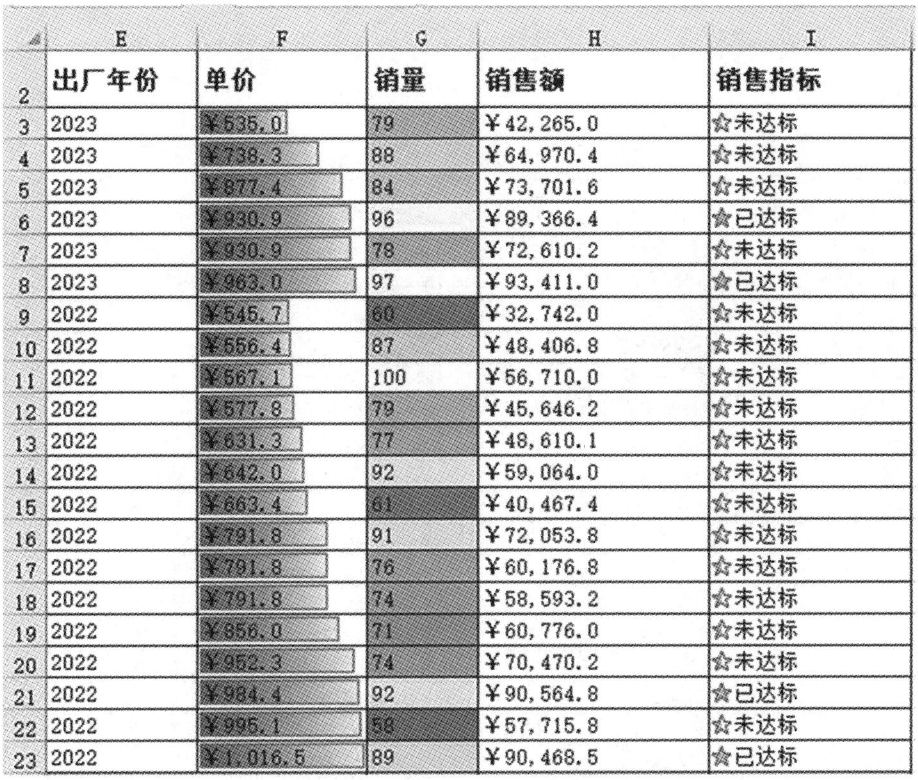

图 3-1　添加图标集后的效果

二、按规定要求显示数据

Excel 不仅可以对单元格中的数值进行突出显示,还可以通过相应的规则来对文本进行突出显示,如通过改变颜色、字形和特殊效果等方法突出显示某一类具有共性的单元格。

【例 3-2】　下面将在"销售统计表.xlsx"工作簿中按规定要求显示数据,具体操作如下。

(1)保持"销售统计表.xlsx"工作簿的打开状态,在"Sheet1"工作表中选择 H3:H23 单元格区域,在"开始"选项卡的"样式"组中单击"条件格式"按钮,在打开的下拉列表中选择"最前/最后规则"选项,在打开的子列表中选择"高于平均值"选项。

(2)打开"高于平均值"对话框,在"针对选定区域,设置为"下拉列表中选择"黄填充色深黄色文本"选项,然后单击"确定"按钮。

(3)返回 Excel 工作界面,即可看到针对选定区域应用项目选取规则后的单元格效果。

(4)选择 G3:G23 单元格区域,单击"样式"组中的"条件格式"按钮,在打开的下拉列表中选择"清除规则"选项,再在打开的子列表中选择"清除所选单元格的规则"选项(见图 3-2)。

	E	F	G	H	I
2	出厂年份	单价	销量	销售额	销售指标
3	2023	¥535.0	79	¥42,265.0	☆未达标
4	2023	¥738.3	88	¥64,970.4	☆未达标
5	2023	¥877.4	84	¥73,701.6	☆未达标
6	2023	¥930.9	96	¥89,366.4	☆已达标
7	2023	¥930.9	78	¥72,610.2	☆未达标
8	2023	¥963.0	97	¥93,411.0	☆已达标
9	2022	¥545.7	60	¥32,742.0	☆未达标
10	2022	¥556.4	87	¥48,406.8	☆未达标
11	2022	¥567.1	100	¥56,710.0	☆未达标
12	2022	¥577.8	79	¥45,646.2	☆未达标
13	2022	¥631.3	77	¥48,610.1	☆未达标
14	2022	¥642.0	92	¥59,064.0	☆未达标
15	2022	¥663.4	61	¥40,467.4	☆未达标
16	2022	¥791.8	91	¥72,053.8	☆未达标
17	2022	¥791.8	76	¥60,176.8	☆未达标
18	2022	¥791.8	74	¥58,593.2	☆未达标
19	2022	¥856.0	71	¥60,776.0	☆未达标
20	2022	¥952.3	74	¥70,470.2	☆未达标
21	2022	¥984.4	92	¥90,564.8	☆已达标
22	2022	¥995.1	58	¥57,715.8	☆未达标
23	2022	¥1,016.5	89	¥90,468.5	☆已达标

图 3-2　按规定要求显示数据的效果

(5)保持 G3:G23 单元格区域的选择状态,在"样式"组中单击"条件格式"按钮,在打开的下拉列表中选择"突出显示单元格规则"选项,再在打开的子列表中选择"介于"选项。

(6)打开"介于"对话框,在数值框中分别输入"80"和"100",在"设置为"下拉列表中选择"绿填充色深绿色文本"选项,然后单击"确定"按钮。

(7)返回 Excel 工作界面,即可看到设置的突出显示的单元格效果。

(8)选择 E3:E23 单元格区域,单击"样式"组中的"条件格式"按钮,在打开的下拉列表中选择"新建规则"选项。

(9)打开"新建格式规则"对话框,在"选择规则类型"栏中选择"只为包含以下内容的单元格设置格式"选项,在"编辑规则说明"栏中将"单元格值"设置为"等于,2023",然后单击"格式"按钮。

(10)打开"设置单元格格式"对话框,单击"填充"选项卡,然后单击"填充效果"按钮。

(11)打开"填充效果"对话框,在"颜色"栏中单击选中"双色"单选项,在"颜色

2"下拉列表中选择"水绿色,强调文字颜色 5"选项,在"变形"栏中选择第 1 排的第 2 种样式,然后单击"确定"按钮完成单元格颜色的设置。

(12)返回 Excel 工作界面,即可看到应用新建规则的单元格效果(见图 3-3)。

出厂年份	单价	销量	销售额	销售指标
2023	￥535.0	79	￥42,265.0	☆未达标
2023	￥738.3	88	￥64,970.4	☆未达标
2023	￥877.4	84	￥73,701.6	☆未达标
2023	￥930.9	96	￥89,366.4	☆已达标
2023	￥930.9	78	￥72,610.2	☆未达标
2023	￥963.0	97	￥93,411.0	☆已达标
2022	￥545.7	60	￥32,742.0	☆未达标
2022	￥556.4	87	￥48,406.8	☆未达标
2022	￥567.1	100	￥56,710.0	☆未达标
2022	￥577.8	79	￥45,646.2	☆未达标
2022	￥631.3	77	￥48,610.1	☆未达标
2022	￥642.0	92	￥59,064.0	☆未达标
2022	￥663.4	61	￥40,467.4	☆未达标
2022	￥791.8	91	￥72,053.8	☆未达标
2022	￥791.8	76	￥60,176.8	☆未达标
2022	￥791.8	74	￥58,593.2	☆未达标
2022	￥856.0	71	￥60,776.0	☆未达标
2022	￥952.3	74	￥70,470.2	☆未达标
2022	￥984.4	92	￥90,564.8	☆已达标
2022	￥995.1	58	￥57,715.8	☆未达标
2022	￥1,016.5	89	￥90,468.5	☆已达标
		1703	1328790.2	

图 3-3　应用新建规则的单元格效果

三、修改条件格式

对于工作表中已经应用条件格式的单元格,可以根据需要对设置的条件规则和显示格式等内容进行修改。

【例 3-3】 下面将在"销售统计表.xlsx"工作簿中修改"销量"列所应用的条件格式,具体操作如下。

(1)保持"销售统计表.xlsx"工作簿的打开状态,在"Sheet1"工作表中单击"开始"选项卡"样式"组中的"条件格式"按钮,在打开的下拉列表中选择"管理规则"选项。

(2)打开"条件格式规则管理器"对话框,在"显示其格式规则"下拉列表中选择"当前工作表"选项,在下方的规则列表中选择"单元格值介于"选项,然后单击"编辑规则"按钮。

(3)打开"新建格式规则"对话框,在"选择规则类型"栏中选择"仅对高于或低于平均值的数值设置格式"选项,然后单击"格式"按钮。

（4）打开"设置单元格格式"对话框，在"填充"选项卡中单击"其他颜色"按钮。

（5）打开"颜色"对话框，单击"自定义"选项卡，依次在"红色""绿色""蓝色"数值框中输入"249""161""249"，然后依次单击"确定"按钮，完成单元格填充颜色的修改。

（6）返回 Excel 工作界面，即可看到修改条件格式后的效果（见图 3-4）。

E 出厂年份	F 单价	G 销量	H 销售额	I 销售指标
2023	￥535.0	79	￥42,265.0	☆未达标
2023	￥738.3	88	￥64,970.4	☆未达标
2023	￥877.4	84	￥73,701.6	☆未达标
2023	￥930.9	96	￥89,366.4	★已达标
2023	￥930.9	78	￥72,610.2	☆未达标
2023	￥963.0	97	￥93,411.0	★已达标
2022	￥545.7	60	￥32,742.0	☆未达标
2022	￥556.4	87	￥48,406.8	☆未达标
2022	￥567.1	100	￥56,710.0	☆未达标
2022	￥577.8	79	￥45,646.2	☆未达标
2022	￥631.3	77	￥48,610.1	☆未达标
2022	￥642.0	92	￥59,064.0	☆未达标
2022	￥663.4	61	￥40,467.4	☆未达标
2022	￥791.8	91	￥72,053.8	☆未达标
2022	￥791.8	76	￥60,176.8	☆未达标
2022	￥791.8	74	￥58,593.2	☆未达标
2022	￥856.0	71	￥60,776.0	☆未达标
2022	￥952.3	74	￥70,470.2	☆未达标
2022	￥984.4	92	￥90,564.8	★已达标
2022	￥995.1	58	￥57,715.8	☆未达标
2022	￥1,016.5	89	￥90,468.5	★已达标
		1703	1328790.2	

图 3-4　修改条件格式后的效果

任务二　商务数据可视化

商务数据可视化是指将庞大的数据信息通过可视的、交互的方式进行展示，从而形象、直观地表达数据蕴含的信息和规律。最常用的数据可视化展示方式便是图表。图表是 Excel 中重要的数据分析工具之一，其通过直观的图形数据来表现工作簿中抽象且枯燥的数据，使复杂的数据更容易被人们所理解。

二维码 3-2
商务数据可视化
操作视频

一、商务数据可视化的种类

商务数据的可视化是通过图表展示的，因此商务数据的可视化种类也就是图表的种类。Excel 中提供了多种类型的图表供用户选择,如漏斗图、饼图、散点图等,如图 3-5 所示。下面简要介绍几种图表类型。

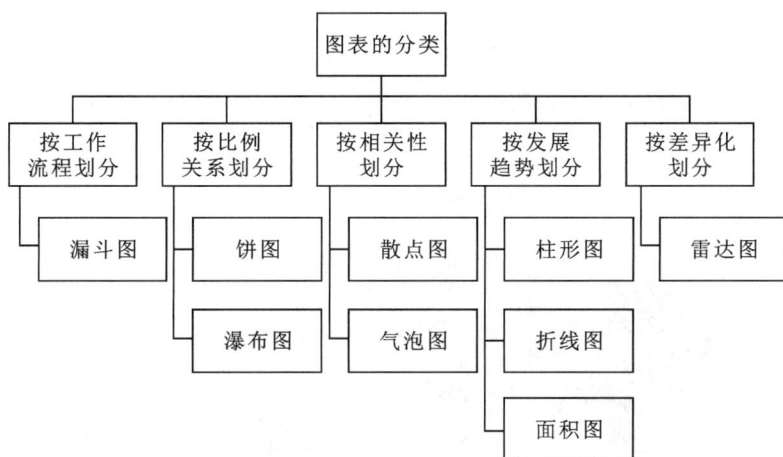

图 3-5 图表的类型

(一) 漏斗图

漏斗图是一种外形类似漏斗的可视化图表,主要用来反映业务关键流程中各环节的转化情况,从而帮助分析人员了解整个业务流程的转化情况。例如,常见的电商购物转化流程包括:浏览商品→放入购物车→生成订单→支付订单→完成交易等。图 3-6 为网站数据流量转化情况的漏斗示意图。

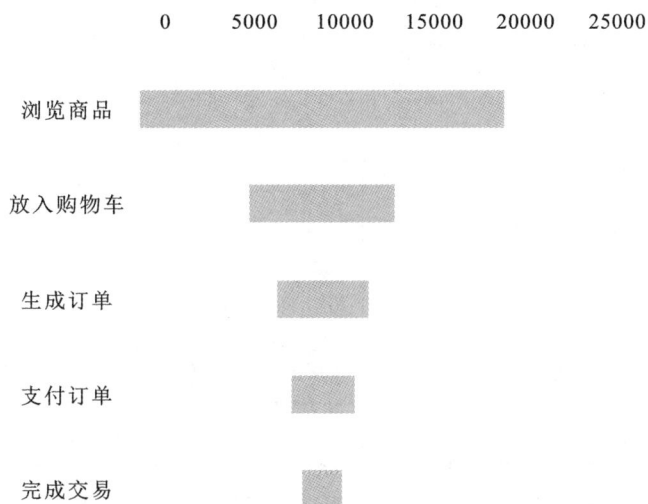

图 3-6 漏斗图

（二）饼图

饼图是指用圆形或圆内扇形的角度来表示数值大小的图形,其主要用于表示一个样本中各组成部分的数据占全部数据的比例,如图 3-7 所示。饼图包括二维饼图和三维饼图两种形式。

三月销售量

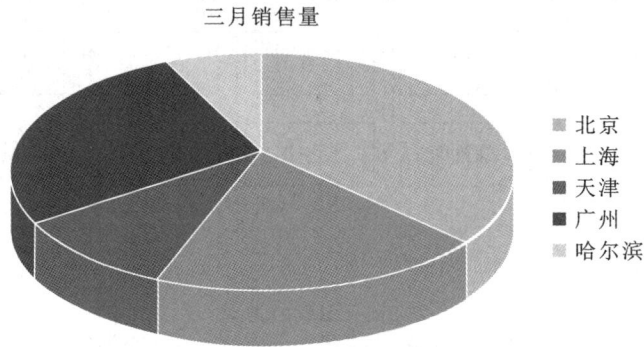

图 3-7　饼图

（三）散点图

散点图主要显示若干数据系列中各数值之间的关系。散点图将 x 轴和 y 轴合并为单一的数据点,按不均匀的间隔显示数据点,用于判断两变量之间是否存在某种关联。散点图以"点"为核心呈现方式,不直接用线段连接数据点,如需要分析趋势,可添加趋势线辅助判断,以显示数据的变化趋势和数据之间的关系,如图 3-8 所示。

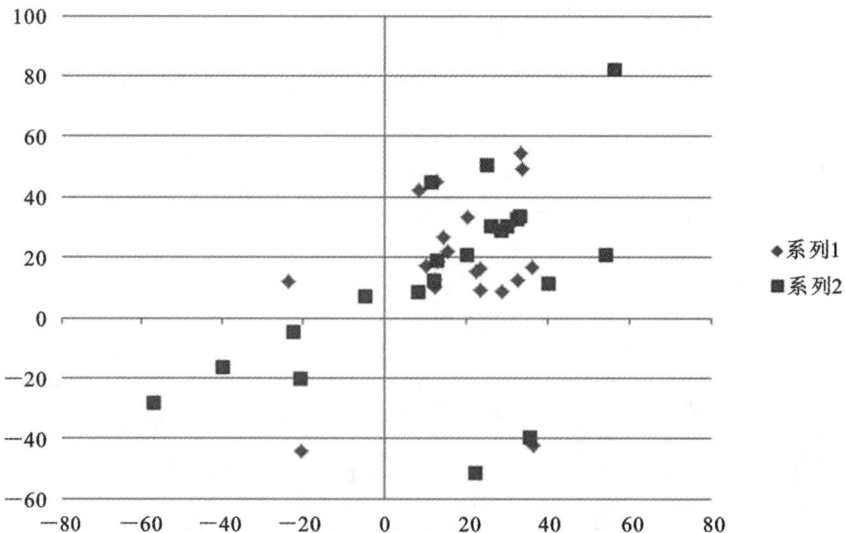

图 3-8　散点图

（四）柱形图

柱形图是通过宽度一致的竖直柱形高度差异来展示分类数据对比的可视化图表。其横轴为类别变量（如产品类型、地域、时间点等），纵轴为数值变量（如数量、销售额、占比等），柱形高度直接对应数值大小，便于直观比较不同类别间的差异，例如各季度销售额高低、不同地区市场份额占比等（见图 3-9）。

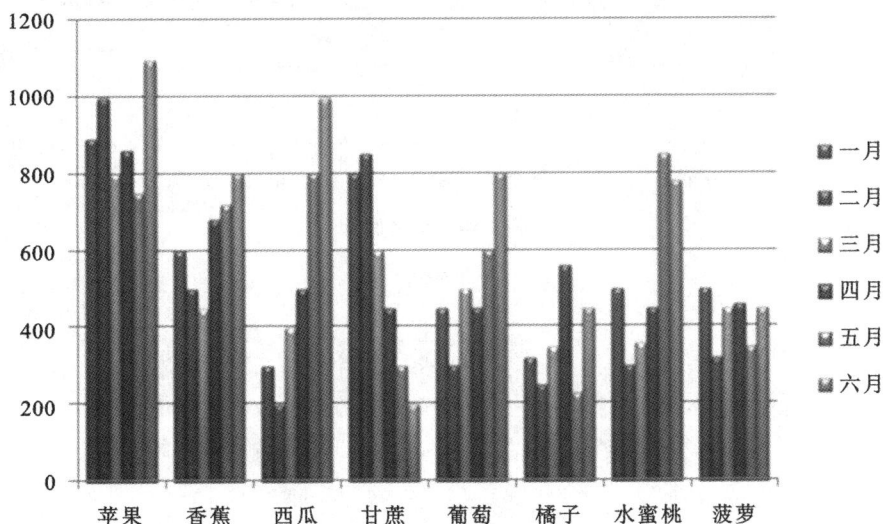

图 3-9　柱形图

（五）折线图

折线图是一种将数据点按照顺序连接起来的图形。折线图通常用于显示随时间而变化的连续数据，尤其适用于显示在相等时间间隔下数据的变化趋势，可直观地显示数据的走势情况，清晰地反映出数据是递增还是递减，以及增减的速率和规律（周期性和峰值）等情况。折线图还可用来分析多组数据随时间变化相互作用和相互影响的情况，如图 3-10 所示。

（六）雷达图

雷达图又称蜘蛛网图，主要用于显示数据系列对于中心点及彼此数据类别之间的变化。例如一个运动员在各体育项目的能力素质得分，就可以通过雷达图清晰地表现出来，如图 3-11 所示。雷达图的各个分类都有独立的数值坐标轴，这些坐标轴由中点向外辐射，并由折线将同一系列中的数据值连接起来。

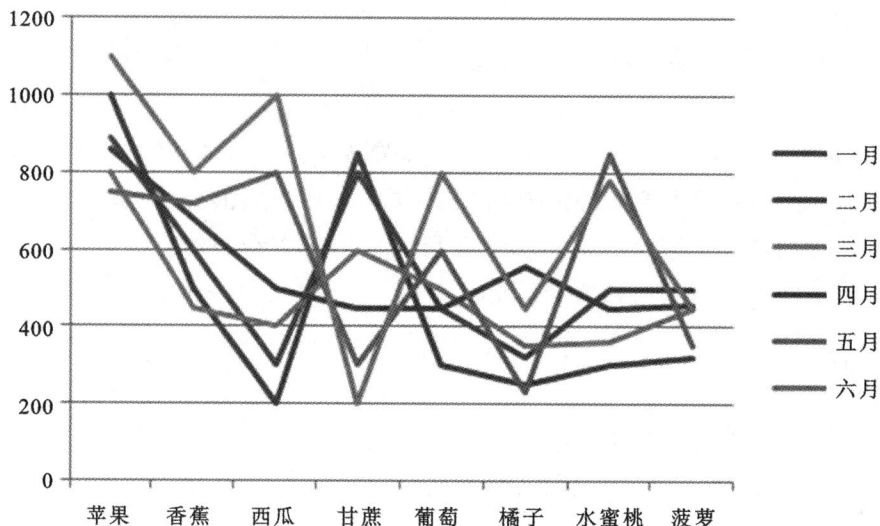

图 3-10　折线图

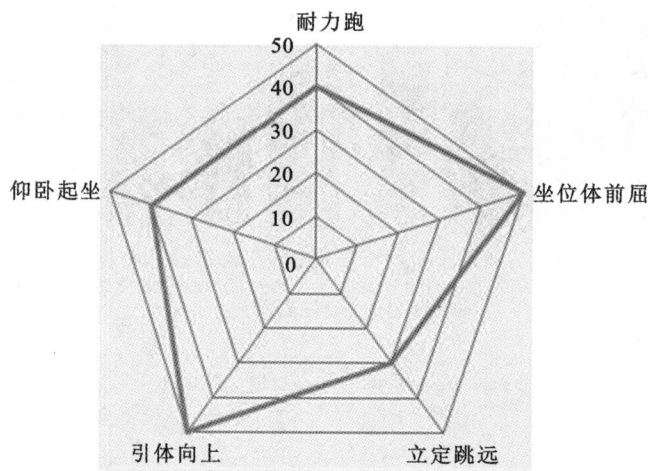

图 3-11　雷达图

二、创建图表

对图表有了初步认识后,可以尝试在表格中创建图表,将抽象的数据转化成直观的图形进行展示,从而达到分析数据的目的。

【例 3-4】　下面将在"销售统计表.xlsx"工作簿的"Sheet2"工作表中创建图表,具体操作如下。

(1)在"销售统计表.xlsx"工作簿中单击"Sheet2"工作表标签,然后选择 A2:G11 单元格区域,在"插入"选项卡的"图表"组中单击"条形图"按钮,在打开的下拉列表中选择"二维条形图"栏中的"簇状条形图"选项。

（2）此时，在工作表区域即可查看到创建的二维簇状条形图，将鼠标指针移到插入的图表上，当鼠标指针变为"✛"形状时，按住鼠标左键不放，将图表拖动到表格下方，使其左上角与 A13 单元格对齐，然后释放鼠标。

（3）在"图表工具—设计"选项卡的"图表布局"组中，单击"添加图表元素"下拉列表中的"图表标题"按钮，再在打开的子列表中选择"图表上方"选项。

（4）系统将自动在图表顶部插入文本框，删除文本框中原有的文本，输入图表标题"销量汇总"（见图 3-12）。

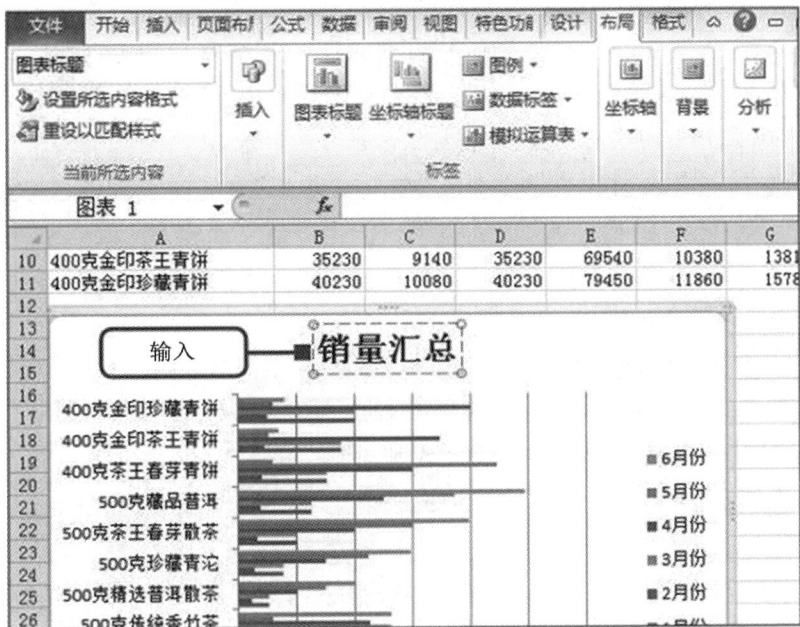

图 3-12　创建图表

三、编辑图表

通过 Excel 直接创建的图表，其样式并不一定匹配用户的需求，这时可对其进行相应的编辑，如更改图表布局、调整图表大小、更改图表类型、更新图表中的数据等，还可以对图表中的数据格式进行修改，最终达到令人满意的效果。

【例 3-5】　下面将在"销售统计表.xlsx"工作簿的"Sheet2"工作表中编辑已插入的条形图，具体操作如下。

（1）在"Sheet2"工作表中选择插入的条形图，在"图表工具—设计"选项卡的"类型"组中单击"更改图表类型"按钮。

（2）打开"更改图表类型"对话框，在左侧列表中单击"柱形图"选项卡，然后在右侧的"柱形图"栏中选择"簇状柱形图"选项，最后单击"确定"按钮。

（3）返回 Excel 工作界面，即可查看更改后的图表类型。在"图表工具—设计"选项卡的"数据"组中单击"选择数据"按钮。

（4）打开"选择数据源"对话框，在"图例项（系列）"列表框中选择"1 月份"选项，然后单击"删除"按钮。

（5）使用相同的方法删除"图例项（系列）"列表框中"2 月份"和"3 月份"的数据，完成后单击"确定"按钮。

（6）返回 Excel 工作界面，在"图表工具—设计"选项卡的"图表布局"组中单击"快速布局"按钮，在打开的下拉列表中选择"布局 3"样式。

（7）单击"图表工具—设计"选项卡"位置"组中的"移动图表"按钮。

（8）打开"移动图表"对话框，在"选择放置图表的位置"栏中单击选中"新工作表"单选项，并将新工作表的名称设置为"销量汇总表"，然后单击"确定"按钮。

（9）此时，系统会将图表放置到以"销量汇总表"为名的新工作表中，选择图表中的"6 月份"数据系列，然后在"图表工具—设计"选项卡的"图表布局"组中单击"添加图表元素"按钮，在打开的下拉列表中单击"数据标签"按钮，再在打开的子列表中选择"数据标签外"选项。

（10）继续在"图表工具—设计"选项卡的"图表布局"组中单击"添加图表元素"按钮，在打开的下拉列表中选择"图例"下的"右侧"选项。

（11）继续保持图表元素"6 月份"数据系列的选择状态，在"图表工具—格式"选项卡"形状样式"组中的"快速样式"列表框中选择"细微效果-橙色，强调颜色 6"选项。

（12）返回工作界面，此时，"6 月份"数据系列将显示应用样式后的效果。选择图表中的"6 月份"数据标签，在"开始"选项卡的"字体"组中将数据格式设置为"黑体、12、加粗、倾斜"。最后同时点击"Ctrl＋S"组合键保存工作表（见图 3-13）。

四、美化图表

通过设置单元格格式可以美化表格中的数据，同样，在表格中插入图表后，也可对图表进行美化设置。美化图表主要包括图表元素格式设置和图表样式应用等方面。

【例 3-6】　下面将在"销售统计表.xlsx"工作簿的"销量汇总表"工作表中对插入的柱形图进行美化，具体操作如下。

（1）在"销售统计表.xlsx"工作簿的"销量汇总表"工作表中选择图表标题，然后在"图表工具—格式"选项卡的"艺术字样式"组中单击"文字效果"按钮，在打开的下拉列表中选择"发光"选项，在打开的子列表中选择"发光变体"栏中的"发光：5 磅；红色，主题色 2"选项。

销量汇总

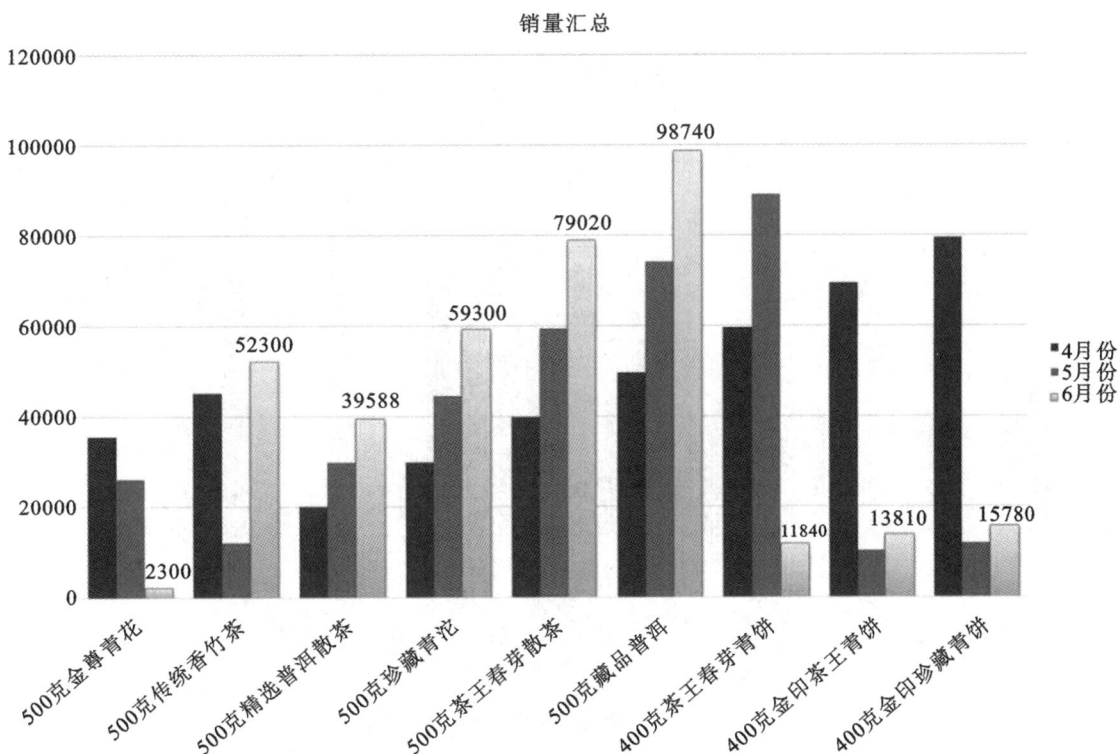

图 3-13 编辑图表

（2）在"图表工具—格式"选项卡的"当前所选内容"组中单击"图表元素"下拉按钮，在打开的下拉列表中选择"绘图区"选项。

（3）在"图表工具—格式"选项卡的"形状样式"组中单击"形状填充"按钮，在打开的下拉列表中选择"纹理"选项，再在打开的子列表中选择"新闻纸"选项。

（4）在"图表工具—格式"选项卡的"形状样式"组中单击"形状填充"按钮，在打开的下拉列表中选择"主题颜色"栏中的"白色，背景1"选项。

（5）在"当前所选内容"组中的"图表元素"下拉列表中选择"图例"选项，然后单击"形状样式"组中的"形状效果"按钮，在打开的下拉列表中选择"阴影"选项，再在打开的子列表中选择"外部"栏中的"向上偏移"选项。

（6）在"当前所选内容"组中的"图表元素"下拉列表中选择"水平（类别）轴"选项，然后单击"设置所选内容格式"按钮。

（7）打开"设置坐标轴格式"对话框，单击"坐标轴选项"选项卡，在右侧的"纵坐标轴交叉"栏中单击选中"最大分类"单选项，然后单击"关闭"按钮。

（8）返回 Excel 工作界面，纵坐标轴将移至图表的最右侧，最终效果如图 3-14所示。

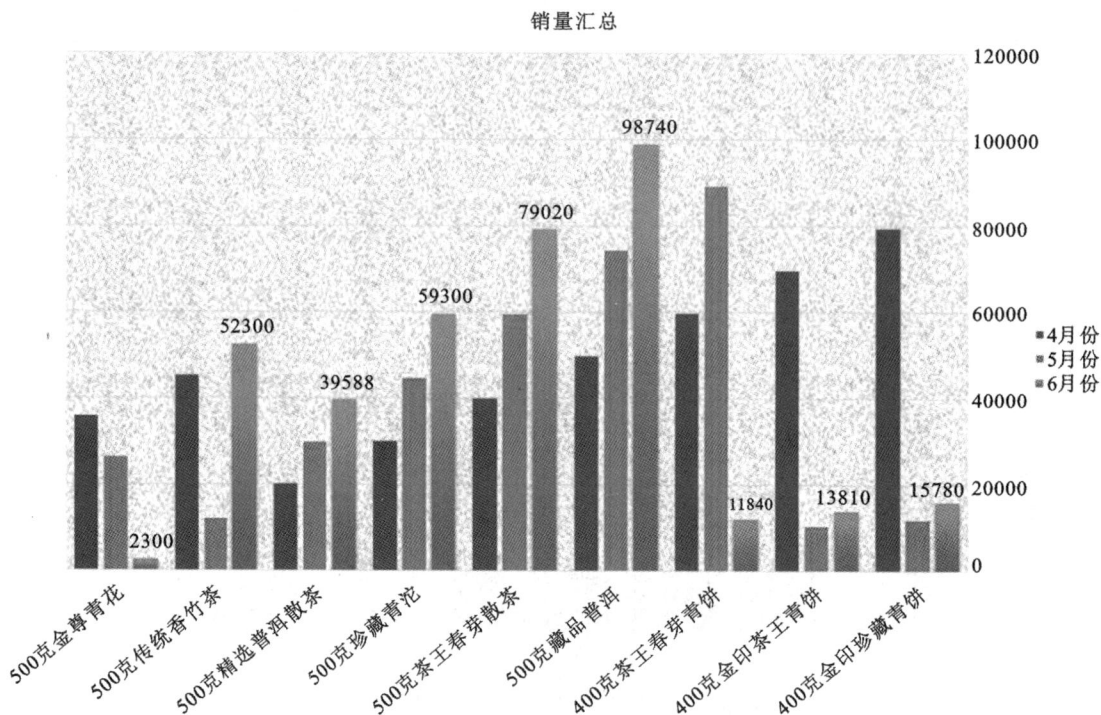

图 3-14　调整坐标轴后的效果

任务三　分析图表数据

通过观察图表，可以较为直观地了解到数据所传达的信息和规律。除此之外，用户还可以根据需要在图表中添加各类辅助线，如趋势线、误差线等，使图表数据分析更加便利。

一、添加趋势线

趋势线是以图形的方式说明数据系列的变化趋势，使用趋势线可以直观地显示并预测图表区域内数据的变化，并对数据走向进行预测。

二维码 3-3
分析图表数据
操作视频

【例 3-7】　下面将在"销售统计表.xlsx"工作簿的"Sheet2"工作表中添加趋势线，具体操作如下。

（1）在"销售统计表.xlsx"工作簿中选择"Sheet2"工作表，然后选择 A2:G5 单元格区域，在"插入"选项卡的"图表"组中单击"折线图"按钮，在打开的下拉列表中选择"二维折线图"栏中的"带数据标记的折线图"选项。

（2）在"图表工具—设计"选项卡的"图表布局"组中单击"添加图表元素"按钮，在打开的下拉列表中单击"趋势线"按钮，再在打开的子列表中选择"线性预测"趋势线选项。

（3）打开"添加趋势线"对话框，在"添加基于系列的趋势线"列表框中选择"500克传统香竹茶"选项，然后单击"确定"按钮。

（4）此时，图表中将自动显示添加的趋势线。单击"图表工具—格式"选项卡"形状样式"组中的"形状轮廓"按钮，在打开的下拉列表中选择"粗细"选项，再在打开的子列表中选择"1.5磅"选项。

（5）再次单击"形状样式"组中的"形状轮廓"按钮，在打开的下拉列表中选择"箭头"选项，并在打开的子列表中选择第二种样式。

（6）返回 Excel 工作表，查看设置趋势线后的最终效果，如图 3-15 所示。

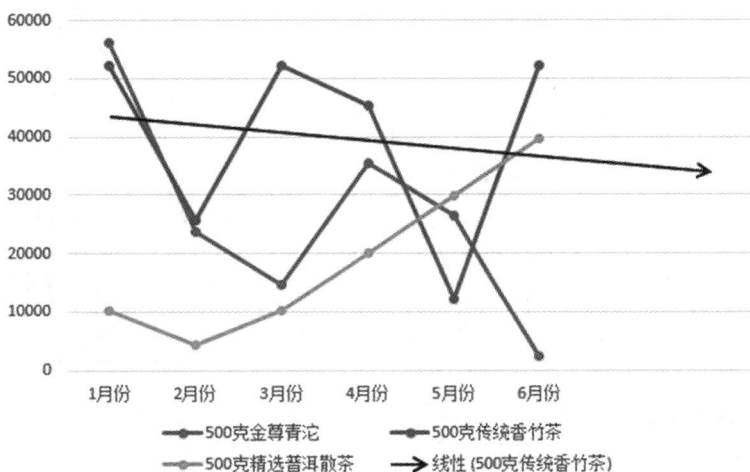

图 3-15 设置趋势线后的效果

二、添加误差线

误差线通常用于显示潜在的误差或相对于系列中每个数据标志的不确定程度。添加误差线的方法与添加趋势线的方法类似，并且添加后的误差线也可以进行格式设置。

【例 3-8】 下面将在"销售统计表"工作簿的"Sheet2"工作表中添加误差线，具体操作如下。

（1）在"Sheet2"工作表的折线图中选择"系列'500 克精选普洱散茶'"图表元素，单击"图表工具—设计"选项卡"图表布局"组中的"添加图表元素"按钮，在打开的下拉列表中单击"误差线"按钮，在打开的子列表中选择"标准误差"选项。

（2）此时，折线图中将显示添加的误差线。选择误差线，单击"图表工具—格式"选项卡"形状样式"组的"快速样式"列表框中选择"中等线-强调颜色 6"选项。

（3）将鼠标指针移至图表区，按住鼠标左键不放拖动图表，使其左上角与 A13 单元格对齐。

（4）将鼠标指针移至图表右下角的控制柄上，当其变为"⬋"形状时长按鼠标左键，并向右下角拖动，直至图表右下角与 I34 单元格重合后再释放鼠标。

（5）选择"系列'500 克金尊青沱'"图表元素，然后点击"Delete"键将其删除，删除数据后的效果如图 3-16 所示。最后，保存并关闭"销售统计表.xlsx"工作簿（效果参见：效果文件\项目三\销售统计表.xlsx）。

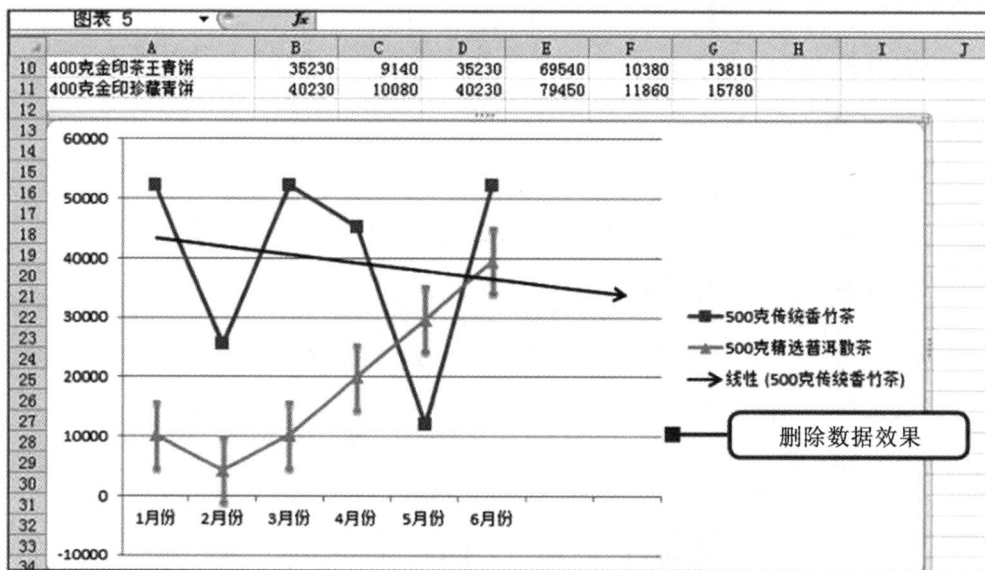

图 3-16　删除数据系列

任务四　商务数据透视分析

使用数据透视表和数据透视图来分析表格中的数据，能从复杂、抽象的数据中得到更加准确、直观的答案。

一、数据透视表的应用

数据透视表实质上就是一种数据交互式报表，其能够快速汇总大量数据，通过转换行和列查看源数据的不同汇总，显示不同页面以筛选数据，为用户进一步分析数据和快速决策提供依据。下面将详细介绍数据透视表的创建、设置、使用等相关操作。

【例 3-9】　下面将在"商品库存分析.xlsx"工作簿中创建数据透视表,分析一段时间内的库存商品数量,为下次入库数量提供数据支持。具体操作如下。

(1)打开素材文件"商品库存分析.xlsx"工作簿(素材参见:素材文件\项目三\商品库存分析.xlsx),在"Sheet1"工作表中单击"插入"选项卡"表格"组中的"数据透视表"按钮。

(2)打开"创建数据透视表"对话框,系统自动选择数据区域,在"选择放置数据透视表的位置"栏中单击选中"新工作表"单选项,然后单击"确定"按钮,如图 3-17 所示。

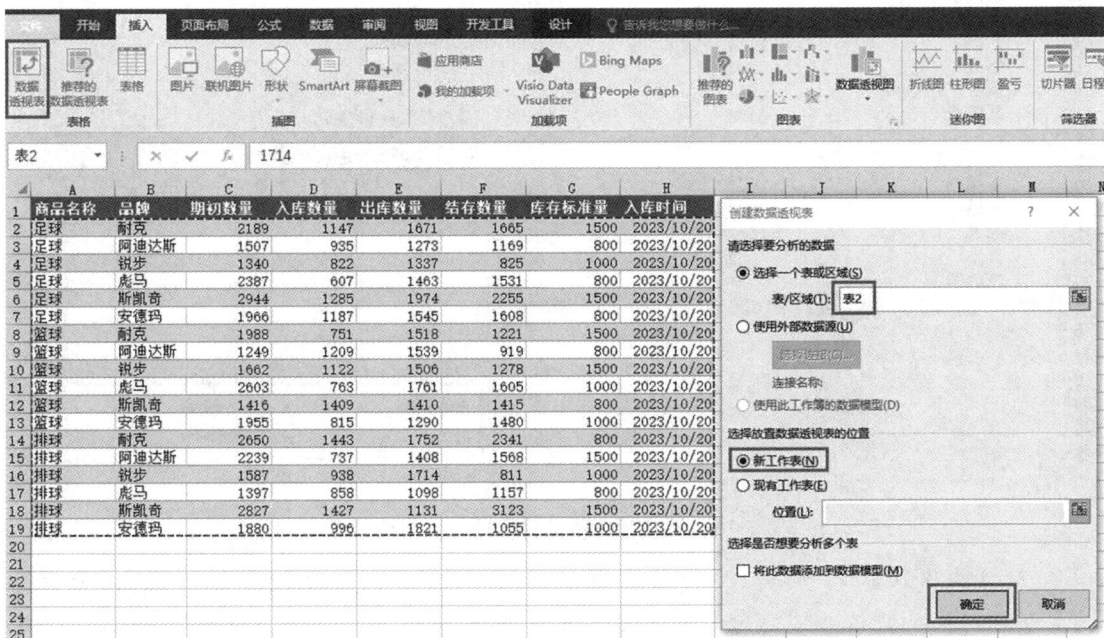

图 3-17　创建数据透视表

(3)此时,系统将新建一个工作表,并创建一个空白的数据透视表,双击新建的"Sheet4"工作表标签,将其重命名为"透视分析",按下"Enter"键。

(4)在"数据透视表字段"任务窗格的"商品名称"和"品牌"字段依次拖至"行"标签区域,将"结存数量"和"库存标准量"字段依次拖至"值"标签区域。

(5)选中"值"字段标题,在编辑栏中修改名称,如图 3-18 所示。

二、数据透视图的应用

如果已经在工作簿中创建了数据透视表,则可以利用数据透视表直接创建数据透视图。

图 3-18　修改"值"字段标题后的数据透视表

【例 3-10】　下面将在"商品库存分析.xlsx"工作簿中创建数据透视图,分析一段时间内的库存商品数量,为下次入库数量提供数据支持。具体操作如下。

(1)在前例已经创建好的数据透视表中,单击任意一个单元格。

(2)在"插入"选项卡"图表"组中单击"数据透视图"按钮,选择"数据透视图"命令,打开"插入图表"对话框。

(3)在"插入图表"对话框中根据实际需要选择一种图表类型,如"簇状柱形图",单击"确定"按钮即可得到数据透视图,如图 3-19 所示。

(4)选中数据透视图,选择"分析"选项卡,单击"＋/－按钮",隐藏数据透视图中的字段按钮。

(5)在"分析"选项卡"筛选"组中单击"插入切片器"按钮,在弹出的"插入切片器"对话框中选中要创建切片器的字段,如图 3-20 所示,然后单击"确定"按钮。

(6)此时,即可创建切片器。单击切片器上的按钮,即可筛选数据。按住"Ctrl"键的同时单击切片器上的按钮,可以同时选中多项数据。切片器之间是联动的,若要重新筛选数据,可以单击切片器右上方的"清除筛选器"按钮,如图 3-21 所示。

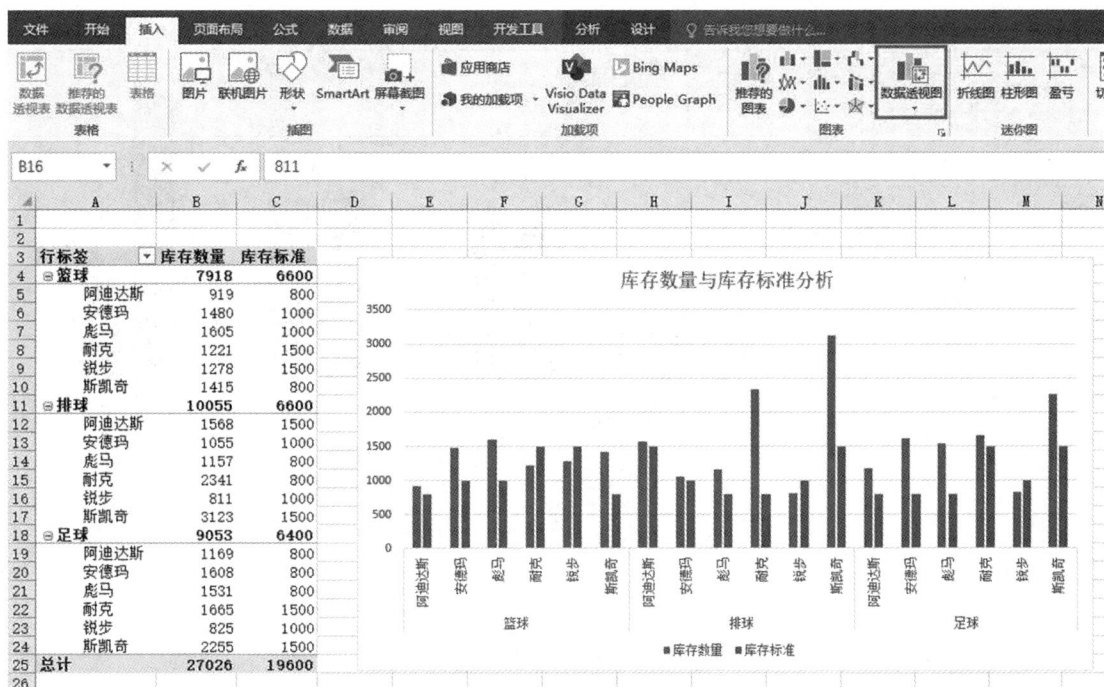

图 3-19　创建数据透视图

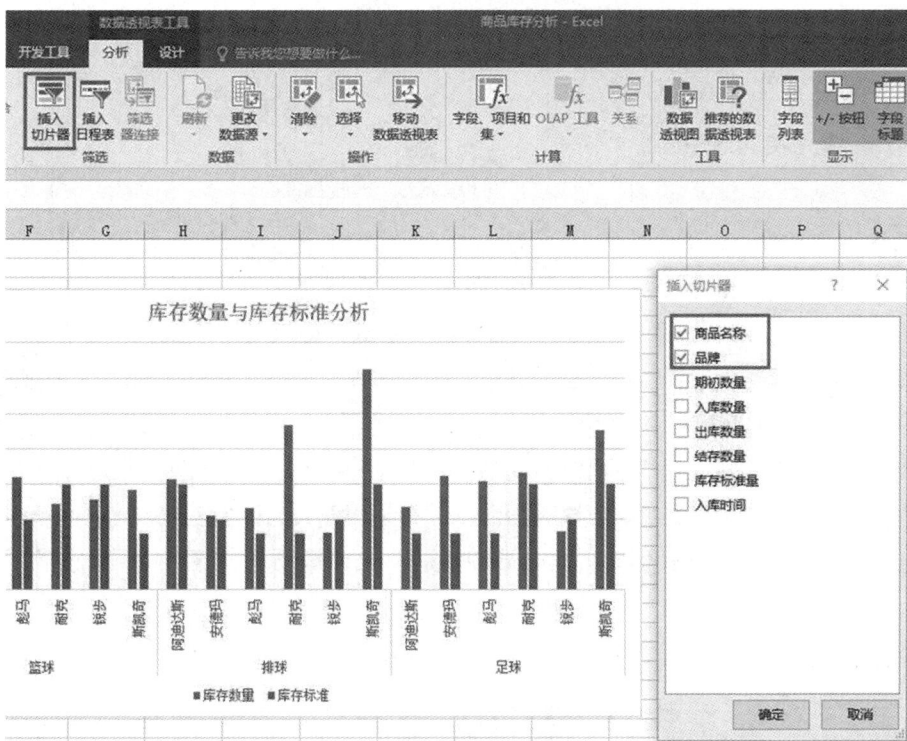

图 3-20　插入切片器

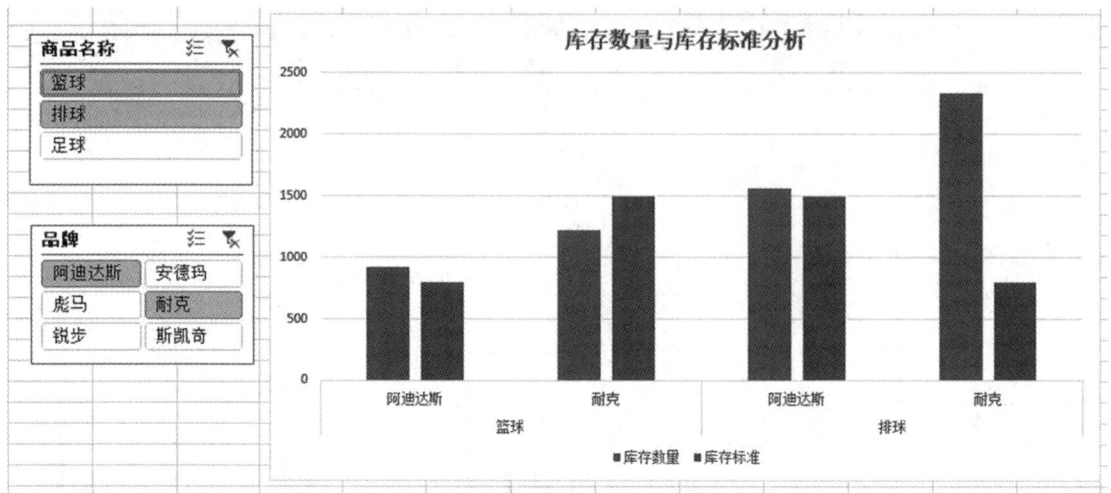

图 3-21　使用切片器筛选数据

新手提升

表格使用和图表制作

为了进一步提升用户的数据分析能力，下面将展开介绍几种 Excel 中条件格式的使用和图表的制作方法。

一、单元格可视化

单元格可视化是指将工作表中的数值进行图形化表示，不过这里所说的可视化指的是单元格的格式。通过格式的差异体现出数值的差异，从而将数值巧妙地转化为图形表达。单元格可视化的具体操作方法为：在工作表中选择需要应用条件格式的单元格区域，单击"开始"选项卡"样式"组中的"条件格式"按钮，在打开的下拉列表中选择"新建规则"选项，打开"新建格式规则"对话框。在"选择规则类型"栏中选择"基于各自值设置所有单元格的格式"选项，在"编辑规则说明"栏中的"格式样式"下拉列表中选择"三色刻度"选项，然后单击"确定"按钮（见图 3-22）。此时，所选单元格区域将以由红到绿的渐变色进行填充，红色单元格表示所选区域内最小值，绿色单元格则表示最大值。

二、突出正负值

在数据条中突出正负值可非常清晰地表达数据的增长情况。例如，在产品销量数据表的"同比增长"列中设置数据条，那么增长为负值的数据条会显示为深红色，同时，正负值所显示的数据条方向也不同。

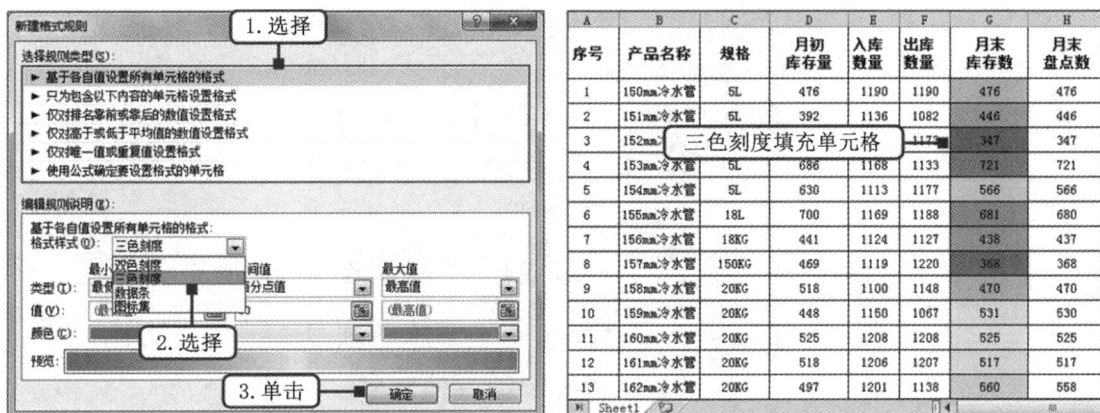

图 3-22 单元格可视化

数据条突出正负值的具体操作方法为：在工作表中选择要应用条件格式的单元格区域，打开"新建格式规则"对话框。在"选择规则类型"栏中选择"基于各自值设置所有单元格的格式"选项，在"编辑规则说明"栏中的"格式样式"下拉列表中选择"数据条"选项；在"颜色"下拉列表中选择"标准色"栏中的"绿色"选项，然后单击"负值和坐标轴"按钮，如图 3-23 所示。

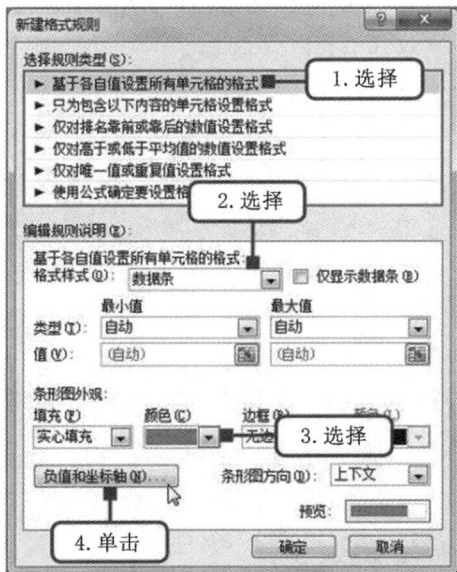

图 3-23 设置数据条外观颜色

打开"负值和坐标轴设置"对话框，单击"填充颜色"按钮，在右侧打开的下拉列表中选择"标准色"栏中的"深红"选项，单击选中"单元格中点值"单选项，然后单击"确定"按钮，如图 3-24 所示。返回"新建格式规则"对话框，单击"确定"按钮，完成设置。

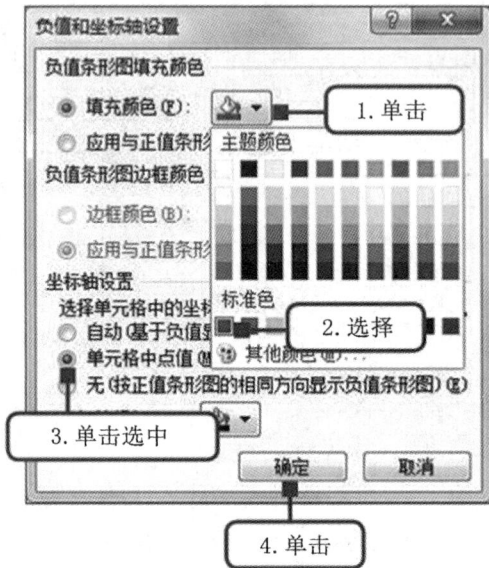

图 3-24　设置负值和坐标轴

三、创建复合饼图

饼图能够方便地显示各类数据占总体的份额，但当某些数值较小时，其在饼图中所占的面积值较少，不便对数据进行分析，因此，可以将这些较小的数据放在另一个饼图中进行显示，即通过制作复合饼图来表现数据关系。

创建复合饼图的具体操作方法为：在工作表中选中数据源，单击"图表"组中的"饼图"按钮，在打开的下拉列表中选择"二维饼图"栏中的"复合饼图"选项，在"图表工具—设计"选项卡的"图表布局"组中选择"布局 1"选项，然后在饼图上单击鼠标右键，在弹出的快捷菜单中选择"设置数据系列格式"命令，如图 3-25 所示。

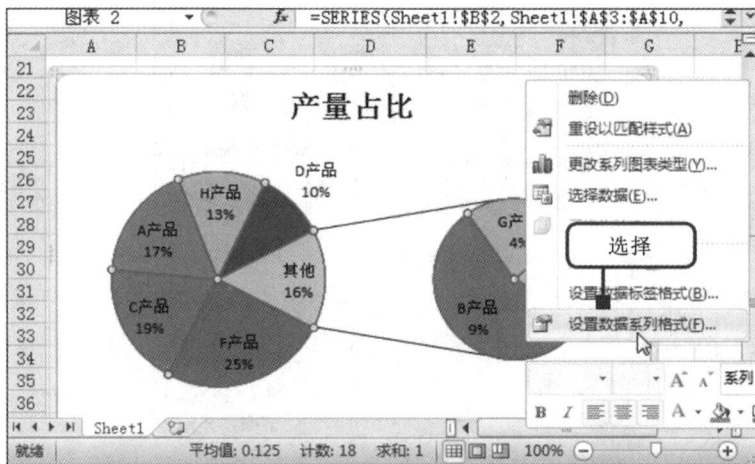

图 3-25　插入复合饼图

打开"设置数据系列格式"对话框,在"第二绘图区包含最后一个"数值框中输入"3",在"第二绘图区大小"数值框中输入"57％",如图 3-26 所示,最后关闭对话框,完成设置。

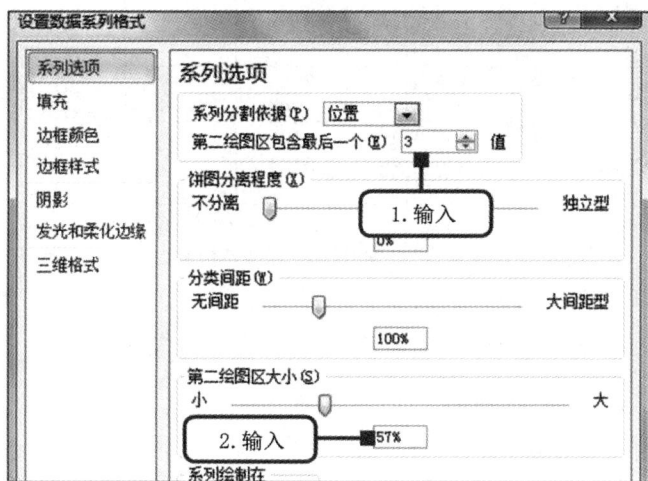

图 3-26　设置第二绘图区的值和大小

课程思政

创 新 思 维

创新思维是创造性人才必须具备的一种素质。创新思维的本质在于用新的角度、新的思考方法解决现有问题。在对数据进行可视化处理的过程中,数据分析人员要增强创新意识,用创新思维思考数据的表现形式,设计出清晰呈现数据关系的可视化图表,以应对商务数据分析工作中不断出现的新的数据类型和应用需求。

课后巩固

实训:图表的应用练习

实训任务 1

打开"各价格范围商品销量.xlsx"工作簿,如图 3-27 所示,根据价格区间的商品销量,制作买家消费层级分析图表。

图 3-27　各价格范围商品销量

(1)计算商品价格区间的占比。

(2)为占比数据创建条形图,并设置条形图的图表布局格式。

实训任务 2

打开"店铺畅销商品销量分析.xlsx"工作簿,根据已知数据创建复合饼图,要求按百分比值分割,并且女装的各类项目要显示在第二绘图区上,如图 3-28所示。

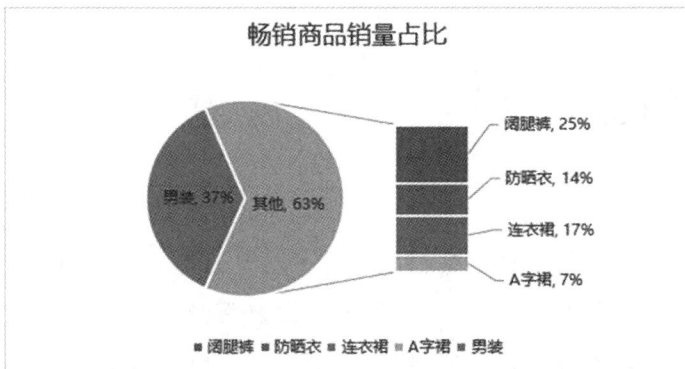

图 3-28　畅销商品销量占比

项目四　商务数据排序、筛选和分类汇总

在使用 Excel 编辑表格时，用户还可以根据需要对表格中的数据进行管理，如排序、筛选、分类汇总等。本项目将对数据的排序、筛选和分类汇总的相关知识点和使用方法进行介绍。其中，自定义排序和自定义筛选是本项目的重点和难点，应该着重掌握。了解这些数据管理方法后，即可轻松制作出结构清晰的表格。

学习目标

- 掌握数据的排序。
- 掌握数据的筛选。
- 掌握数据的分类汇总。

素养目标

- 养成尊重数据、务实严谨的科学态度。
- 在收集、分析数据资料，以及讨论疑难问题的过程中，重点培养团队协作的意识。

任务一　数据的排序

数据的排序是 Excel 数据管理的基本方法，该功能可以将表格中杂乱的数据按一定的条件进行排列，如在销售表中按销售额的高低进行排序等，可以更加直观地查看、理解和寻找所需要的数据内容，特别是在数据量较多的表格中，数据排序功能非常实用。下面将详细介绍排序规则、简单排序、单一字段排序、多重字段排序和自定义排序的操作方法。

一、排序规则

Excel 中的数据排序规则旨在有效地重新排列数据,帮助用户快速地查找、分析和处理数据信息。以下是 Excel 数据排序的详细规则,可以按照不同的排序方式和条件进行归纳。

(1)数字按照数值大小排列。

(2)英文按照字母顺序排列。升序按照 A~Z 顺序排列,降序按照 Z~A 顺序排列。

(3)汉字可以按照拼音字母或者汉字笔划的顺序排列。

(4)文本数据的排序优先级为:数字<英文字母<汉字。

(5)日期和时间按照日期、时间的先后升序或降序排列。

(6)自定义序列在定义时所指定的顺序是从小到大。

(7)只有设置了单元格颜色或字体颜色,才能按颜色进行排序。同样,只有使用条件格式创建了图标集,才能按图标进行排序。

二、简单排序

简单排序可以对二维表格中的数据记录进行快速重新排列。

二维码 4-1
简单排序操作视频

【例 4-1】 下面将通过简单排序的方法来排列"店铺客户资料管理.xlsx"工作簿中的数据,具体操作如下。

(1)打开素材文件"店铺客户资料管理.xlsx"工作簿(素材参见:素材文件\项目四\店铺客户资料管理.xlsx),在"Sheet1"工作表中选择 E2 单元格,表示以客户类型为依据进行排序,然后单击"数据"选项卡"排序和筛选"组中的"升序"按钮。

(2)返回 Excel 工作界面,即可看到表格中的数据记录按客户类型进行升序排列。由于客户类型中的数据是文本型,则按首字的拼音字母进行升序排列,如果首字是英文,将以英文字母优先。

(3)选择 C2 单元格,表示以客户姓名为依据进行排序,然后单击"数据"选项卡"排序和筛选"组中的"降序"按钮。

(4)返回 Excel 工作界面,即可看到表格中的数据记录按照客户姓名的首字拼音字母进行降序排列(见表 4-1)。

图 4-1　简单排序效果

三、单一字段排序

单一字段排序表面上与简单排序类似,但实际上这种排序方式可以人为设置排序依据,而不仅仅以数值为依据进行排序。

【例 4-2】下面将在"店铺客户资料管理.xlsx"工作簿中按单元格的颜色进行排序,具体操作如下。

二维码 4-2
单一字段排序
操作视频

(1)保持"店铺客户资料管理.xlsx"工作簿的打开状态,选择"Sheet1"工作表中包含数据的任意一个单元格,然后单击"开始"选项卡"样式"组中的"套用表格格式"按钮,在打开的下拉列表中选择"浅色"栏中的"浅绿,表样式浅色 18"选项。

(2)打开"创建表"对话框,保持默认设置,单击"确定"按钮。

(3)单击"表设计"选项卡"工具"组中的"转换为区域"按钮,将表格转换为普通的数字区域。

(4)打开提示对话框,单击"是"按钮,确定转换设置。

(5)保持单元格区域的选择状态,单击"数据"选项卡"排序和筛选"组中的"排序"按钮。

(6)打开"排序"对话框,在"主要关键字"下拉列表中选择"联系电话"选项,在"排序依据"下拉列表中选择"单元格颜色"选项。

(7)在"次序"下拉列表中选择"浅绿色"选项,在右侧的下拉列表中选择"在顶端"选项,然后单击"确定"按钮。

(8)二维表格中的数据记录将根据"联系电话"字段下的单元格填充颜色进行排列,效果如图 4-2 所示。

	A	B	C	D	E	F	G
1	编号	客户ID	客户姓名	联系电话	客户类型	订单日期	商品名称
2	16	C016	周涛	136xxxx0016	老客户	2023/1/16	空气净化器
3	7	C007	周刚	131xxxx0007	新客户	2023/1/7	电子书阅读器
4	4	C004	赵敏	135xxxx0004	新客户	2023/1/4	耳机
5	23	C023	张辉	189xxxx0233	新客户	2023/1/23	电子书阅读器
6	13	C013	杨松	189xxxx0013	新客户	2023/1/13	咖啡机
7	22	C022	吴启	137xxxx0222	老客户	2023/1/22	智能手表
8	10	C010	王竹	180xxxx0010	老客户	2023/1/10	智能手机
9	19	C019	孙艳	130xxxx0019	新客户	2023/1/19	笔记本电脑
10	5	C005	钱伟	133xxxx0005	新客户	2023/1/5	咖啡机
11	24	C024	李云	180xxxx0244	老客户	2023/1/24	空气净化器
12	2	C002	李波	139xxxx0002	老客户	2023/1/2	运动鞋
13	11	C011	冯梅	136xxxx0011	新客户	2023/1/11	笔记本电脑
14	21	C021	周洁	180xxxx0211	新客户	2023/1/21	咖啡机
15	9	C009	郑涛	136xxxx0009	新客户	2023/1/9	运动鞋

图 4-2　查看排序效果

四、多重字段排序

在一些数据字段较多的表格中,可以同时对多个字段进行排序,此时若第一个关键字的数据相同,则会按第二个关键字的数据进行排序,从而更精确地控制数据记录的排列次序。

二维码 4-3
多重字段排序
操作视频

【例 4-3】　下面将在"店铺客户资料管理.xlsx"工作簿中对数据记录进行多重字段排序,具体操作如下。

(1)在"Sheet1"工作表中选择 A1:K25 单元格区域,然后在"数据"选项卡的"排序和筛选"组中单击"排序"按钮。

(2)打开"排序"对话框,将"主要关键字""排序依据"和"次序"分别设置为"订单日期""数值"和"升序",然后单击"添加条件"按钮。

(3)此时,"排序"对话框中将增加一行次要关键字的设置参数,将"次要关键字""排序依据"和"次序"分别设置为"成交额""数值"和"降序",然后单击"添加条件"按钮。

(4)继续添加排序依据,将"次要关键字""排序依据"和"次序"分别设置为"购买数量""数值"和"升序",最后单击"确定"按钮。

(5)此时,二维表格中的数据记录将首先按订单日期从早到晚排列。如果订单日期相同,则按成交额从多到少排列。如果成交额仍然相同,则按购买数量从少到多排列,最终排序效果如图 4-3 所示。

编号	客户ID	客户姓名	联系电话	客户类型	订单日期	商品名称	购买数量	成交额	客户评价	跟进人员
1	C001	张华	138xxxx0001	新客户	2023/1/1	智能手机	1	¥2,999.00	满意	赵明
2	C002	李波	139xxxx0002	老客户	2023/1/2	运动鞋	2	¥800.00	一般	陈丽
3	C003	王芳	137xxxx0003	老客户	2023/1/3	笔记本电脑	1	¥5,999.00	非常满意	刘强
4	C004	赵敏	135xxxx0004	新客户	2023/1/4	耳机	2	¥260.00	不满意	孙涛
5	C005	钱伟	133xxxx0005	新客户	2023/1/5	咖啡机	1	¥999.00	满意	周洋
6	C006	孙丽	132xxxx0006	老客户	2023/1/6	智能手表	1	¥1,299.00	一般	吴倩
7	C007	周刚	131xxxx0007	新客户	2023/1/7	电子书阅读器	1	¥999.00	非常满意	赵明
8	C008	吴秀	130xxxx0008	老客户	2023/1/8	空气净化器	1	¥1,500.00	满意	陈丽
9	C009	郑涛	136xxxx0009	新客户	2023/1/9	运动鞋	1	¥700.00	一般	刘强
10	C010	王竹	180xxxx0010	老客户	2023/1/10	智能手机	1	¥5,998.00	非常满意	孙涛
11	C011	冯梅	136xxxx0011	新客户	2023/1/11	笔记本电脑	1	¥6,200.00	满意	周洋
12	C012	陈林	180xxxx0012	新客户	2023/1/12	耳机	3	¥780.00	一般	吴倩
13	C013	杨松	189xxxx0013	新客户	2023/1/13	咖啡机	1	¥1,100.00	非常满意	赵明
14	C014	李磊	189xxxx0014	老客户	2023/1/14	智能手表	1	¥1,400.00	满意	陈丽
15	C015	张娜	180xxxx0015	新客户	2023/1/15	电子书阅读器	2	¥1,998.00	一般	刘强
16	C016	周涛	136xxxx0016	新客户	2023/1/16	空气净化器	1	¥1,600.00	满意	孙涛
17	C017	吴娟	180xxxx0017	新客户	2023/1/17	运动鞋	3	¥2,100.00	非常满意	周洋
18	C018	钱鹏	189xxxx0018	老客户	2023/1/18	智能手机	2	¥5,998.00	满意	吴倩
19	C019	孙艳	130xxxx0019	新客户	2023/1/19	笔记本电脑	1	¥6,500.00	一般	赵明
20	C020	李彬	189xxxx0020	老客户	2023/1/20	耳机	4	¥1,040.00	非常满意	陈丽
21	C021	周洁	180xxxx0211	新客户	2023/1/21	咖啡机	1	¥1,200.00	满意	刘强
22	C022	吴启	137xxxx0222	老客户	2023/1/22	智能手表	2	¥2,800.00	一般	孙涛
23	C023	张辉	189xxxx0233	新客户	2023/1/23	电子书阅读器	1	¥1,100.00	非常满意	周洋
24	C024	李云	180xxxx0244	老客户	2023/1/24	空气净化器	3	¥4,500.00	满意	吴倩

图 4-3　应用多重字段排序的效果

五、自定义排序

Excel 中的排序方式可满足大多数用户的需要,对于一些有特殊要求的排序方式,用户也可进行自定义设置,如按照职务、部门等条件要求进行排序。

二维码 4-4
自定义排序
操作视频

【例 4-4】　下面将在"店铺客户资料管理.xlsx"工作簿中对客户评价进行自定义排序,具体操作如下。

(1)在"Sheet1"工作表中选择 A1:K25 单元格区域,然后在"数据"选项卡的"排序和筛选"组中单击"排序"按钮。打开"排序"对话框,选择次要关键字"成交额",单击"删除条件"按钮。

(2)按照相同的操作方法,删除另一个次要关键字"购买数量"。在"主要关键字"下拉列表中选择"客户评价"选项,在"次序"下拉列表中选择"自定义序列"选项。

(3)打开"自定义序列"对话框,在"输入序列"栏中输入客户评价的排序方式"非常满意""满意""一般""不满意",并在每一个条件后按下"Enter"键换行,然后单击"添加"按钮和"确定"按钮。

（4）返回"排序"对话框，确认排列次序无误后，单击"确定"按钮。

（5）返回 Excel 工作界面，即可看到自定义排序的最终效果，如图 4-4 所示。

	A	B	C	D	E	F	G	H	I	J	K
1	编号	客户ID	客户姓名	联系电话	客户类型	订单日期	商品名称	购买数量	成交额	客户评价	跟进人员
2	3	C003	王芳	137xxxx0003	老客户	2023/1/3	笔记本电脑	1	¥5,999.00	非常满意	刘强
3	7	C007	周刚	131xxxx0007	新客户	2023/1/7	电子书阅读器	1	¥999.00	非常满意	赵明
4	10	C010	王竹	180xxxx0010	老客户	2023/1/10	智能手机	2	¥5,998.00	非常满意	孙涛
5	13	C013	杨松	189xxxx0013	新客户	2023/1/13	咖啡机	1	¥1,100.00	非常满意	赵明
6	17	C017	吴娟	180xxxx0017	新客户	2023/1/17	运动鞋	3	¥2,100.00	非常满意	周洋
7	20	C020	李彬	189xxxx0020	老客户	2023/1/20	耳机	4	¥1,040.00	非常满意	陈丽
8	23	C023	张辉	189xxxx0233	新客户	2023/1/23	电子书阅读器	1	¥1,100.00	非常满意	周洋
9	1	C001	张华	138xxxx0001	新客户	2023/1/1	智能手机	1	¥2,999.00	满意	赵明
10	5	C005	钱伟	133xxxx0005	新客户	2023/1/5	咖啡机	1	¥999.00	满意	周洋
11	8	C008	吴秀	130xxxx0008	老客户	2023/1/8	空气净化器	1	¥1,500.00	满意	陈丽
12	11	C011	冯梅	136xxxx0011	新客户	2023/1/11	笔记本电脑	1	¥6,200.00	满意	周洋
13	14	C014	李磊	189xxxx0014	老客户	2023/1/14	智能手表	1	¥1,400.00	满意	陈丽
14	16	C016	周涛	136xxxx0016	老客户	2023/1/16	空气净化器	1	¥1,600.00	满意	孙涛
15	18	C018	钱鹏	189xxxx0018	老客户	2023/1/18	智能手机	2	¥5,998.00	满意	吴倩
16	21	C021	周洁	180xxxx0211	新客户	2023/1/21	咖啡机	1	¥1,200.00	满意	刘强
17	24	C024	李云	180xxxx0244	老客户	2023/1/24	空气净化器	3	¥4,500.00	满意	吴倩
18	2	C002	李波	139xxxx0002	老客户	2023/1/2	运动鞋	2	¥800.00	一般	陈丽
19	6	C006	孙丽	132xxxx0006	老客户	2023/1/6	智能手表	1	¥1,299.00	一般	吴倩
20	9	C009	郑涛	136xxxx0009	新客户	2023/1/9	运动鞋	1	¥700.00	一般	刘强
21	12	C012	陈林	180xxxx0012	老客户	2023/1/12	耳机	3	¥780.00	一般	吴倩
22	15	C015	张娜	180xxxx0015	新客户	2023/1/15	电子书阅读器	1	¥1,998.00	一般	刘强
23	19	C019	孙艳	130xxxx0019	新客户	2023/1/19	笔记本电脑	1	¥6,500.00	一般	赵明
24	22	C022	吴启	137xxxx0222	老客户	2023/1/22	智能手表	2	¥2,800.00	一般	孙涛
25	4	C004	赵敏	135xxxx0004	新客户	2023/1/4	耳机	2	¥260.00	不满意	孙涛

图 4-4　自定义排序效果

任务二　数据的筛选

在数据庞大的工作表中，若手动逐行、逐列查找某一具体的数据，不仅效率低下而且容易出差错，这时可以利用 Excel 强大的筛选功能，轻松设置筛选条件并筛选出具体的数据。下面分别介绍相应的筛选方法。

一、自动筛选

自动筛选一般用于简单的条件筛选。当使用自动筛选功能时，工作表的表头单元格会出现三角形按钮，单击三角形按钮，在打开的下拉列表中选择相应的选项即可。

二维码 4-5
自动筛选
操作视频

【例 4-5】　下面将在"店铺客户资料管理.xlsx"工作簿中使用预设的筛选条件来筛选数据，具体操作如下。

（1）在"Sheet1"工作表中选择包含数据的任意一个单元格，这里选择 E4 单元格，然后单击"数据"选项卡"排序和筛选"组中的"筛选"按钮。

（2）单击"成交额"字段右侧的下拉按钮，在打开的下拉列表中选择"数字筛选"选项，再在打开的子列表中选择"大于"选项。

（3）打开"自定义自动筛选"对话框，在"大于"下拉列表右侧的文本框中输入"1000"，然后单击"确定"按钮。

（4）单击"跟进人员"字段右侧的下拉按钮，在打开的下拉列表中取消选中"全选"复选框，重新单击选中"吴倩"复选框，最后单击"确定"按钮。

（5）返回 Excel 工作界面，在二维表格中将显示成交额大于"1000"且跟进人员为"吴倩"的数据记录，如图 4-5 所示。

	A	B	C	D	E	F	G	H	I	J	K
1	编号	客户ID	客户姓	联系电话	客户类!	订单日其	商品名称	购买数!	成交额	客户评!	跟进人!
15	18	C018	钱鹏	189xxxx0018	老客户	2023/1/18	智能手机	2	¥5,998.00	满意	吴倩
17	24	C024	李云	180xxxx0244	老客户	2023/1/24	空气净化器	3	¥4,500.00	满意	吴倩
19	6	C006	孙丽	132xxxx0006	老客户	2023/1/6	智能手表	1	¥1,299.00	一般	吴倩

图 4-5 显示筛选结果

二、自定义筛选

如果 Excel 预设的条件不能满足筛选需要，则可以自定义筛选条件来筛选数据。

二维码 4-6
自定义筛选
操作视频

【例 4-6】 下面将在"店铺客户资料管理.xlsx"工作簿中通过自定义筛选条件来筛选需要的数据，具体操作如下。

（1）单击"数据"选项卡"排序和筛选"组中的"清除"按钮，清除当前数据范围的排序和筛选状态。

（2）单击"商品名称"字段右侧的下拉按钮，在打开的下拉列表中选择"文本筛选"选项，再在打开的子列表中选择"自定义筛选"选项。

（3）打开"自定义自动筛选"对话框，在"商品名称"栏下拉列表中选择"等于"选项，在右侧的下拉列表中输入"智能手机"，单击选中"或"单选项，再在左下方的下拉列表中选择"等于"选项，在右下方的下拉列表中输入"智能手表"，然后单击"确定"按钮。

（4）返回 Excel 工作界面，在二维表格中将显示"商品名称"为"智能手机"或者"智能手表"的数据信息，最终效果如图 4-6 所示。

	A	B	C	D	E	F	G	H	I	J	K
1	编号	客户ID	客户姓	联系电话	客户类	订单日	商品名称	购买数	成交额	客户评	跟进人
4	10	C010	王竹	180xxxx0010	老客户	2023/1/10	智能手机	2	¥5,998.00	非常满意	孙涛
9	1	C001	张华	138xxxx0001	新客户	2023/1/1	智能手机	1	¥2,999.00	满意	赵明
13	14	C014	李磊	189xxxx0014	老客户	2023/1/14	智能手表	1	¥1,400.00	满意	陈丽
15	18	C018	钱鹏	189xxxx0018	老客户	2023/1/18	智能手机	2	¥5,998.00	满意	吴倩
19	6	C006	孙丽	132xxxx0006	老客户	2023/1/6	智能手表	1	¥1,299.00	一般	吴倩
24	22	C022	吴启	137xxxx0222	老客户	2023/1/22	智能手表	2	¥2,800.00	一般	孙涛

图 4-6　查看筛选结果

三、高级筛选

当自定义筛选仍然不能满足筛选数据的需要时,可以使用 Excel 提供的高级筛选功能筛选出任何所需要的数据结果。

【例 4-7】　下面将在"店铺客户资料管理.xlsx"工作簿中使用高级筛选功能来筛选数据,具体操作如下。

(1)单击"商品名称"字段右侧的筛选按钮,在打开的下拉列表中选择"从'商品名称'中清除筛选"选项。

(2)在 E27:G28 单元格区域中输入筛选条件,其中上方为与二维表格完全相同的字段名称,下方为具体的限制条件,然后单击"排序和筛选"组中的"高级"按钮。

(3)打开"高级筛选"对话框,将列表区域指定为 A1:K25 单元格区域,将条件区域指定为 E27:G28 单元格区域,然后单击"确定"按钮。

(4)返回 Excel 工作界面,将根据设置的条件显示符合的数据记录,最终效果如图 4-7 所示。

图 4-7　高级筛选结果

任务三　数据的分类汇总

分类汇总是对数据列表中指定的字段进行分类,然后统计同一类记录的有关信息。例如,在整理商品信息时,就可以将同样的商品进行统计归类,便于后续进行管理和分析。下面将详细介绍如何按照商品的不同属性进行分类汇总。

二维码 4-8
数据的分类汇总
操作视频

一、创建分类汇总

创建分类汇总,首先要对数据进行排序,然后以排序的字段为汇总依据,进行求和、求平均值、求最大值等各种操作。

【例 4-8】　下面将在"商品信息表.xlsx"工作簿中对产品的销量收入进行汇总,具体操作如下。

(1)打开素材文件"商品信息表.xlsx"工作簿(素材参见:素材文件\项目四\商品信息表.xlsx),在"商品信息表"工作表中选中任意数据单元格,在"数据"选项卡"排序和筛选"组中单击"排序"按钮。

(2)打开"排序"对话框,设置"主要关键字"为"日期","次序"为"升序",单击"添加条件"按钮。

(3)依次设置"大类"和"系列"次要关键字排序条件。单击"确定"按钮,查看数据排序结果,此时,即可在对"日期"排序的基础上分别对"大类"和"系列"进行排序,如图 4-8 所示。

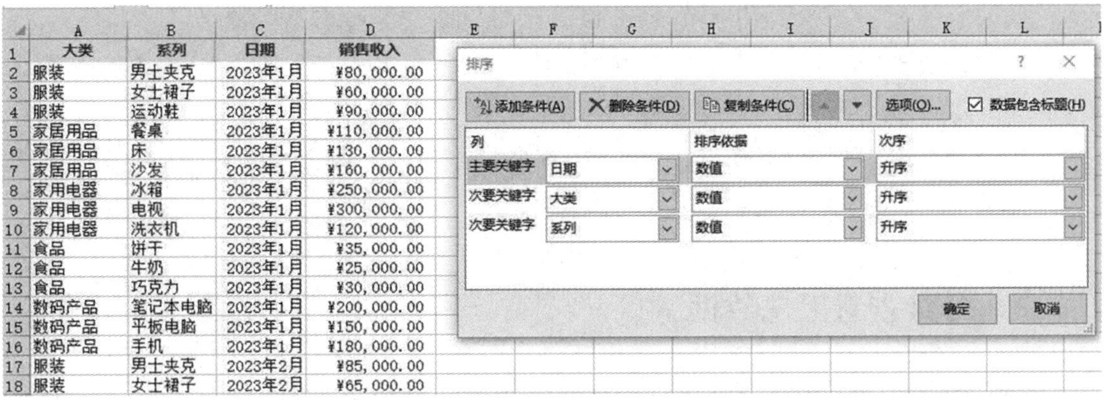

图 4-8　关键字设置及排序结果

（4）在"分级显示"组中单击"分类汇总"按钮，弹出"分类汇总"对话框，在"分类字段"下拉列表中选择"日期"选项，在"汇总方式"下拉列表中选择"求和"选项，在"选定汇总项"列表框中选中"销售收入"选项。然后单击"确定"按钮，此时，即可按"日期"对"销售收入"进行求和汇总。最终效果如图 4-9 所示。

图 4-9　查看汇总结果

二、创建嵌套分类汇总

默认创建分类汇总时，表格中只能显示一种汇总方式，用户可根据需要嵌套多种汇总结果，以便查看。

【例 4-9】　下面将在"商品信息表"工作表中创建嵌套分类汇总，具体操作如下。

（1）再次单击"数据"选项卡"分级显示"组中的"分类汇总"按钮。

（2）打开"分类汇总"对话框，在"分类字段"下拉列表框中选中"大类"选项，取消选中"替换当前分类汇总"复选框，最后单击"确定"按钮。

（3）此时，即可创建嵌套分类汇总，在原来分类汇总的基础上对"大类"商品进行"销售收入"的求和汇总，如图 4-10 所示。

三、分级查看汇总数据

对数据进行分类汇总后，可通过显示和隐藏不同级别的明细数据来查看所需要的汇总结果。

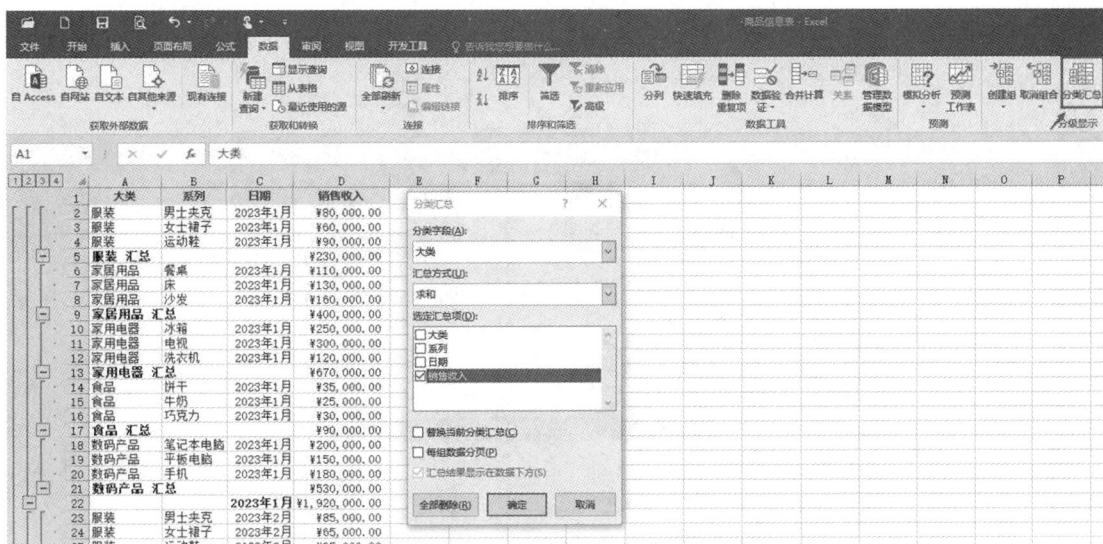

图 4-10　嵌套分类汇总效果

【例 4-10】　下面将在"商品信息表"工作表中查看不同级别的分类汇总数据,具体操作如下。

(1)对"商品信息表"工作表进行分类汇总后,单击表格左上角显示的 1 级标记,此时表格仅显示最终的汇总结果。

(2)单击 2 级标记,然后选择单元格区域,同时按"Alt"和";"组合键选中可见单元格,在"开始"选项卡"字体"组中设置填充颜色、字体颜色等格式,如图 4-11 所示。

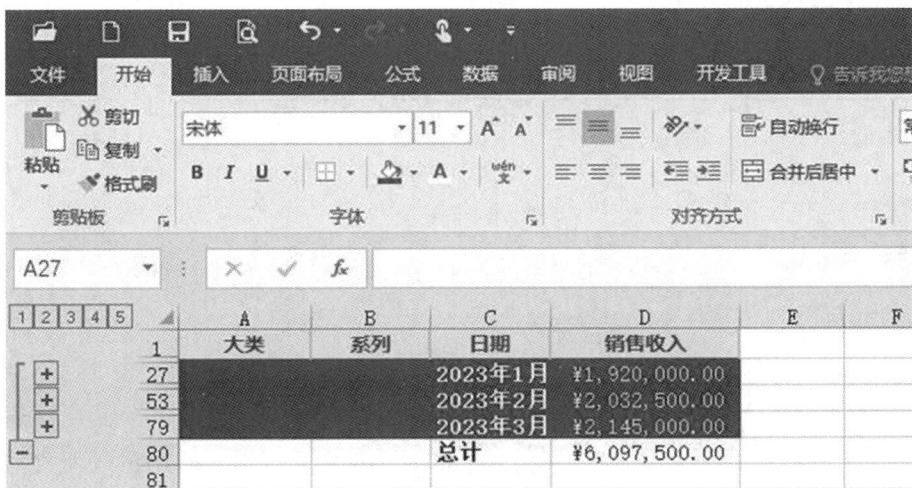

图 4-11　查看 2 级分类汇总结果

(3)在表格左上方单击 3 级标记,查看汇总结果,如图 4-12 所示。

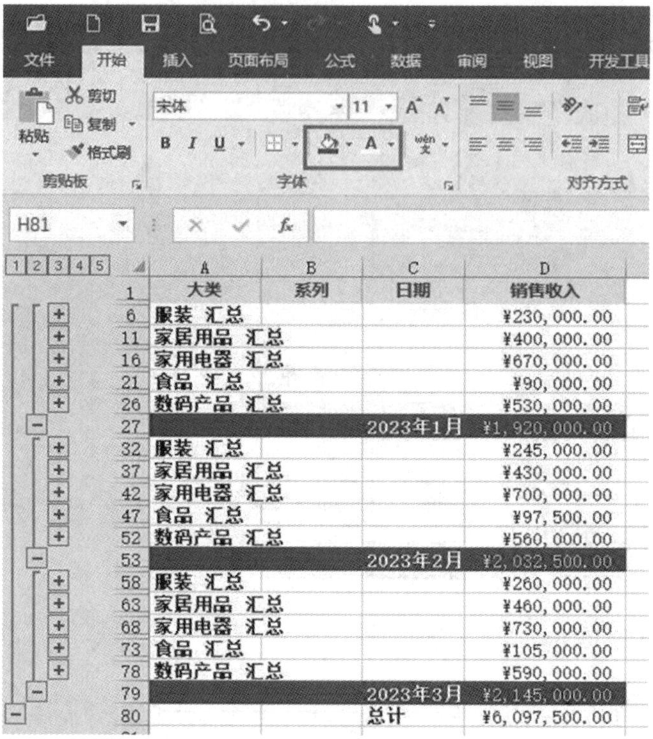

图 4-12　查看 3 级分类汇总结果

新手提升

数据排序、筛选与分类汇总的技巧

为了在海量的数据信息中快速进行数据分析,下面将介绍一些关于数据排序、筛选与分类汇总的技巧,方便用户按照设置的字段快速查看并统计出相应的数据信息。

一、按笔划排序

在 Excel 中处理数据,有时需要将数据按某一变量的笔划进行排序,如按姓氏的笔划排序,此时该如何操作呢?

按笔划排序的具体操作方法为:打开 Excel 工作簿,选择"Sheet1"工作表中包含数据的任意一个单元格,单击"排序和筛选"组中的"排序"按钮,打开"排序"对话框。在"主要关键字"下拉列表中选择"姓名"选项,单击"选项"按钮,打开"排序选项"对话框,单击选中"方法"栏中的"笔划排序"单选项,依次单击"确定"按钮,即可将表格中的"姓名"列按姓氏笔划由少到多自动排序,如图 4-13所示。

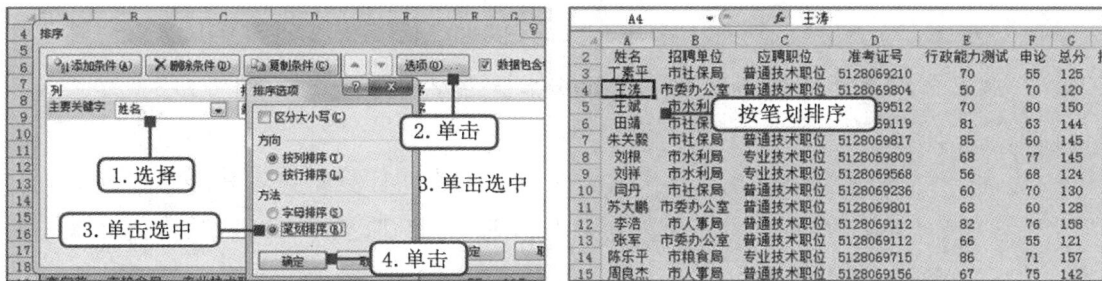

图 4-13　按笔划排序

二、用函数进行排序

有时,在对工作表中的某些数值列(如总分)进行排序时,不希望打乱原有表格的顺序,而只需要排列名次,此时可以利用 RANK.EQ 函数来实现。

用函数进行排序的具体操作方法为:在工作表中选择"总分"列右侧的空白单元格,用于保存排列名次,此处选择 H3 单元格,然后在编辑栏中输入公式"＝RANK.EQ(G3,＄G＄3:＄G＄20)",按"Enter"键即可得出排列名次。拖动 H3 单元格右下角的填充柄复制公式即可对所有公务员的总分进行排序,如图 4-14 所示。

公务员成绩表

姓名	招聘单位	应聘职位	准考证号	行政能力测试	申论	总分	排名
李浩	市人事局	普通技术职位	5128069112	82分	76分	158分	1名
陈乐平	市粮食局	专业技术职位	5128069715	86分	71分	157分	2名
王斌	市水利局	专业技术职位	5128069512	70分	80分	150分	3名
刘根	市水利局	专业技术职位	5128069809	68分	77分	145分	4名
朱关毅	市社保局	普通技术职位	5128069817	85分	60分	145分	5名
徐源	市委办公室	普通技术职位	5128069802	78分	66分	144分	6名
田靖	市社保局	普通技术职位	5128069119	81分	63分	144分	7名
周良杰	市人事局	普通技术职位	5128069156	67分	75分	142分	8名
董建飞	市粮食局	专业技术职位	5128069612	78分	60分	138分	9名
闫丹	市社保局	普通技术职位	5128069236	60分	70分	130分	10名
苏大鹏	市委办公室	普通技术职位	5128069801	68分	60分	128分	11名
丁素平	市社保局	普通技术职位	5128069210	70分	55分	125分	12名
刘祥	市水利局	专业技术职位	5128069568	56分	68分	124分	13名
赵斑婷	市人事局	普通技术职位	5128069213	63分	60分	123分	14名
张军	市委办公室	普通技术职位	5128069112	66分	55分	121分	15名
王涛	市委办公室	普通技术职位	5128069804	50分	70分	120分	16名
高向英	市粮食局	专业技术职位	5128069813	62分	55分	117分	17名
房大昕	市人事局	普通技术职位	5128069302	56分	50分	106分	18名

图 4-14　利用函数进行排序

三、按字符数量排序

在制作某些表格时，为了满足人们的浏览习惯，常常会按字符数量进行排序，使数据看起来整齐清晰，如在一份图书推荐单中便按图书名称的字符数量进行升序排列。

按字符数量排序的具体操作方法为：利用 LEN 函数返回图书名称包含的字符数量，如在 D2 单元格中输入函数“=LEN(A2)”，按下“Enter”键，然后拖动填充柄复制函数到 D14 单元格，此时利用“升序”按钮对返回字符数量的数据列进行升序排列，即可实现按书名的字符数量从少到多进行排列的要求，如图 4-15 所示。

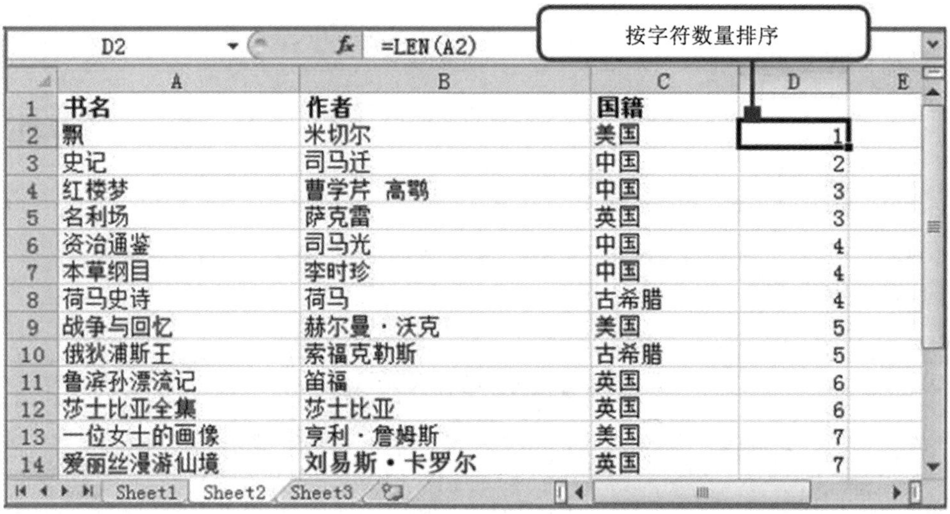

	A	B	C	D	E
1	书名	作者	国籍		
2	飘	米切尔	美国	1	
3	史记	司马迁	中国	2	
4	红楼梦	曹学芹 高鹗	中国	3	
5	名利场	萨克雷	英国	3	
6	资治通鉴	司马光	中国	4	
7	本草纲目	李时珍	中国	4	
8	荷马史诗	荷马	古希腊	4	
9	战争与回忆	赫尔曼·沃克	美国	5	
10	俄狄浦斯王	索福克勒斯	古希腊	5	
11	鲁滨孙漂流记	笛福	英国	6	
12	莎士比亚全集	莎士比亚	英国	6	
13	一位女士的画像	亨利·詹姆斯	美国	7	
14	爱丽丝漫游仙境	刘易斯·卡罗尔	英国	7	

图 4-15 按字符数量排序

四、控制单元格填充颜色的排列顺序

如果以单元格填充颜色为排序依据，只能指定某一颜色位于顶端或底端，当出现多个颜色时，则无法控制单元格填充颜色的排列顺序。实际上，通过添加关键字的方法，无论有几种填充颜色，都可以严格按照数值的顺序进行排列。

控制单元格填充颜色排列顺序的具体操作方法为：选择具有填充颜色的单元格，打开“排序”对话框，依次设置“主要关键字”“排序依据”“次序”，其中“次序”设置为排在第 1 位的颜色。然后单击“添加条件”按钮，继续设置相同的关键字和排序依据，即“单元格颜色”，然后在“次序”下拉列表中指定排在第 2 位的颜色。再按相同的方法指定排在第 3 位的颜色，单击“确定”按钮。此时，工作表将以设定的单元格颜色为依据进行排序，如图 4-16 所示。

图 4-16　按单元格颜色排列数据

五、按字体颜色或单元格填充颜色筛选

如果在表格中设置了字体颜色或单元格填充颜色,则可以针对这些颜色进行筛选操作。

按字体颜色或单元格填充颜色进行筛选的具体操作方法为:在"数据"选项卡的"排序和筛选"组中单击"筛选"按钮,然后单击字体颜色或填充颜色字段右侧的下拉按钮,在打开的下拉列表中选择"按颜色筛选"选项,在打开的子列表中便可显示指定的颜色并筛选出对应的数据,如图 4-17 所示。

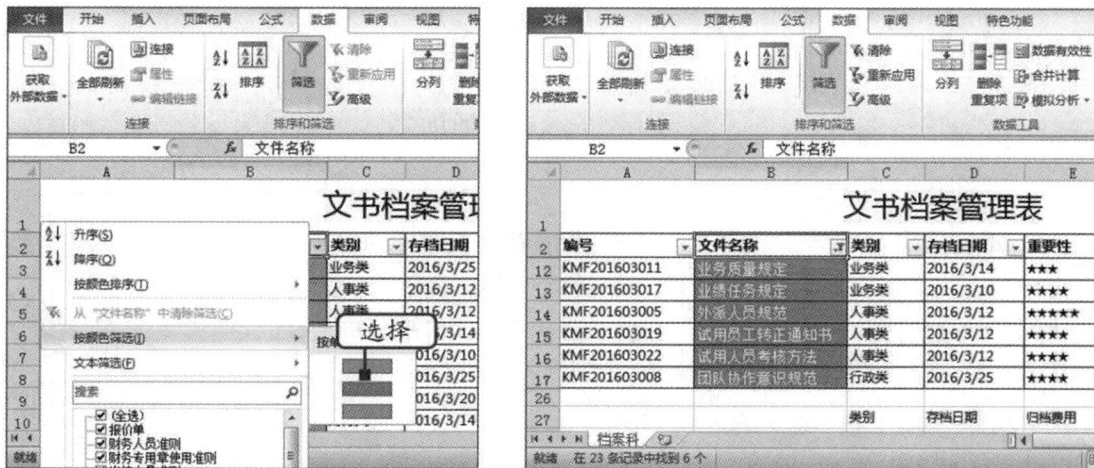

图 4-17　按字体颜色或单元格填充颜色筛选数据

六、合并计算

在实际工作流程中,往往需要在月末对多项业务数据进行合并统计,而统计各类数据的表格,其结构或内容大体上是相似的,因此可使用 Excel 中的合并计算功能来完成汇总或合并多个数据源区域的操作。

合并计算的具体操作方法为:打开将要进行合并计算的工作簿,选择显示合并结果的单元格,如 A1 单元格,单击"数据"选项卡"数据工具"组中的"合并计算"按钮,打开"合并计算"对话框,在"函数"下拉列表中选择"求和"选项,在"引用位置"列表框中输入"上半年!＄A＄1:＄E＄12",然后单击"添加"按钮。

继续在"引用位置"列表框中输入"下半年！＄Ａ＄１：＄Ｅ＄12"，单击选中"标签位置"栏中的"首行"和"最左列"复选框，单击"确定"按钮。返回 Excel 工作界面，即可查看上半年与下半年合并计算的结果，如图 4-18 所示。

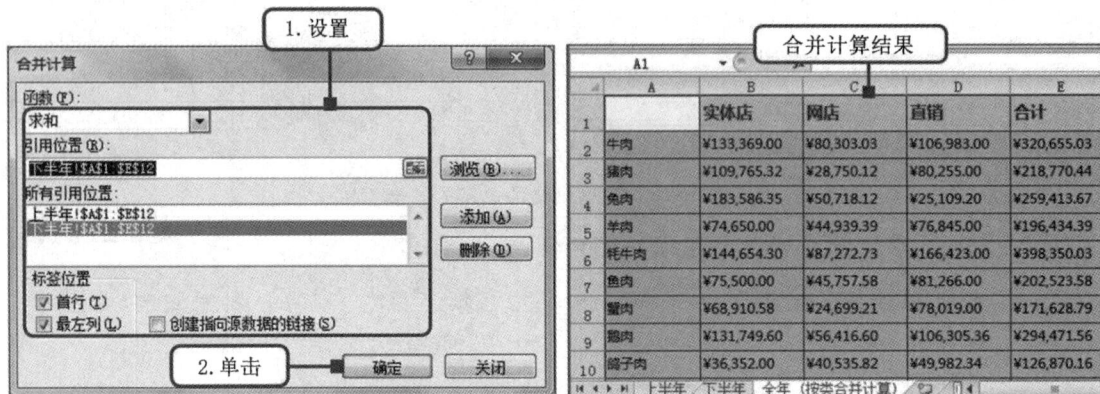

图 4-18　合并计算数据

课程思政

数据驱动的城市交通优化

某城市为缓解交通拥堵，通过收集交通流量和出行模式等数据，分析出城市道路高峰时段和拥堵热点相关数据。市政府随后优化公共交通系统，增设地铁线路，升级公交服务，并引入智能交通管理系统。此举不仅改善了市民出行体验，还提高了城市交通运行效率。在教学中，该案例能够帮助学生理解数据分析在解决实际社会问题中的应用，培养利用数据改善社会的能力。

课后巩固

实训：数据分析与汇总练习

在提供的"公务员成绩表.xlsx"工作簿中对数据记录进行各种排序和筛选操作（见图 4-19）。任务要求如下。

（1）按名次由高到低排列数据记录。

（2）按总分由高到低排列数据记录，如果总分相同，则按行政能力测试得分由高到低排列。

（3）筛选出招聘单位为市水利局的数据记录。

（4）清除筛选，手动输入筛选条件，重新筛选出招聘单位为市委办公室、应聘职位为普通技术职位同时总分大于 140 分的数据记录。

	公务员成绩表						
姓名	招聘单位	应聘职位	准考证号	行政能力测	申论	总分	排名
李浩	市人事局	普通技术职	5128069112	82分	76分	158分	1名
张军	市委办公	普通技术职	5128069113	66分	55分	121分	15名
田靖	市社保局	普通技术职	5128069119	81分	63分	144分	7名
周良杰	市人事局	普通技术职	5128069156	67分	75分	142分	8名
丁素平	市社保局	普通技术职	5128069210	70分	55分	125分	12名
赵斑婷	市人事局	普通技术职	5128069213	63分	60分	123分	14名
闫丹	市社保局	普通技术职	5128069236	60分	70分	130分	10名
房大昕	市人事局	普通技术职	5128069302	56分	50分	106分	18名
王斌	市水利局	专业技术职	5128069512	70分	80分	150分	3名
刘祥	市水利局	专业技术职	5128069568	56分	68分	124分	13名
董建飞	市粮食局	专业技术职	5128069612	78分	60分	138分	9名
陈乐平	市粮食局	专业技术职	5128069715	86分	71分	157分	2名
苏大鹏	市委办公	普通技术职	5128069801	68分	60分	128分	11名
徐源	市委办公	普通技术职	5128069802	78分	66分	144分	6名
王涛	市委办公	普通技术职	5128069804	50分	70分	120分	16名
刘根	市水利局	专业技术职	5128069809	68分	77分	145分	4名
高向英	市粮食局	专业技术职	5128069813	62分	55分	117分	17名
朱关毅	市社保局	普通技术职	5128069817	85分	60分	145分	5名

图 4-19 公务员成绩表

项目五　市场容量及竞争分析

　　古人云"知己知彼，百战不殆"，在电商平台上，销售同一类商品或相似商品的卖家有很多，因此市场竞争非常激烈。卖家要想使自己的店铺在激烈的竞争中生存和发展，必须充分了解市场需求，了解竞争对手的状况。只有洞悉自己的产品在市场中所占的份额和具备的优势，才能制定出有利于产品销售的策略，提高产品销量。本项目将对市场需求、竞争产品所占的市场份额和竞争对手的产品价格进行分析，其中涉及的知识点包括指数平滑工具的使用、SUMPRODUCT 函数的使用、单元格名称的定义、控件的插入及图表的插入等。

学习目标

- 掌握市场容量分析的方法。
- 掌握竞争产品市场份额分析的方法。
- 掌握竞争对手价格差异分析的方法。

素养目标

- 适应市场变化，不断学习新的数据和趋势。
- 提出新颖的解决方案，帮助企业突出竞争优势。
- 与团队成员协作，共享信息和资源。
- 保持高标准的职业道德，诚实报告数据。

任务一　市场容量分析

　　市场容量是指在不考虑商品价格或供应商策略的前提下，市场在一定时期内能够吸纳某种商品或服务的单位数目，实际上就是总需求量。

市场容量分析主要是估计市场规模的大小及商品的潜在需求量。在分析时，可以使用多个指标来描述市场容量，如销售额、销售量、流量等。在宏观市场分析中，市场容量只是其中一个维度。在分析时要注意，市场容量并不是越大越好，如何选择市场或制定市场策略，需要综合考虑多种因素。

一般认为，市场容量越大，相对市场的竞争也就越大，同时需要的市场投入也会越多；市场容量越小，相对市场的竞争也就越小，那么需要的市场投入也会越少。这时，就需要管理者根据自身企业的实力来选择市场。对于实力相对较强的企业，可以选择市场容量大的市场；实力较弱或新兴的企业，则可以选择市场容量较小的市场，以免企业面临较大的风险。

二维码 5-1
市场容量分析
操作视频

根据 2012—2023 年的市场潜在需求量，可通过二次指数平滑法来预测 2024 年和 2025 年运动鞋市场潜在需求量，如图 5-1 所示。其中，二次指数平滑值是在一次指数平滑值的基础上得到的，并通过二次指数平滑公式最终得出预测值。

运动鞋市场潜在需求量的预测							
年份	购买人数	购买频率	市场潜在需求量（双）	一次平滑α=0.3	二次平滑α=0.3	a值	b值
2012年	80	3	240	#N/A			
2013年	110	5	550	240	#N/A	674.00	93.00
2014年	150	6	900	457	240	1142.30	160.80
2015年	160	4	640	767.1	391.9	701.72	10.11
2016年	241	3	723	678.13	654.54	748.03	16.49
2017年	260	6	1560	709.539	671.053	1911.73	260.09
2018年	450	8	3600	1304.8617	697.9932	4700.12	766.57
2019年	600	6	3600	2911.45851	1122.80115	4412.01	436.53
2020年	987	5	4933	3393.437553	2374.861302	5854.86	592.93
2021年	1097	6	6580	4471.364599	3087.864678	7838.50	810.47
2022年	1100	5	5500	5947.40938	4056.314623	5888.36	108.92
2023年	1200	7	8400	5634.222814	5380.080953		
			2024年预测需求量	5779.45			
			2025年预测需求量	5670.53			

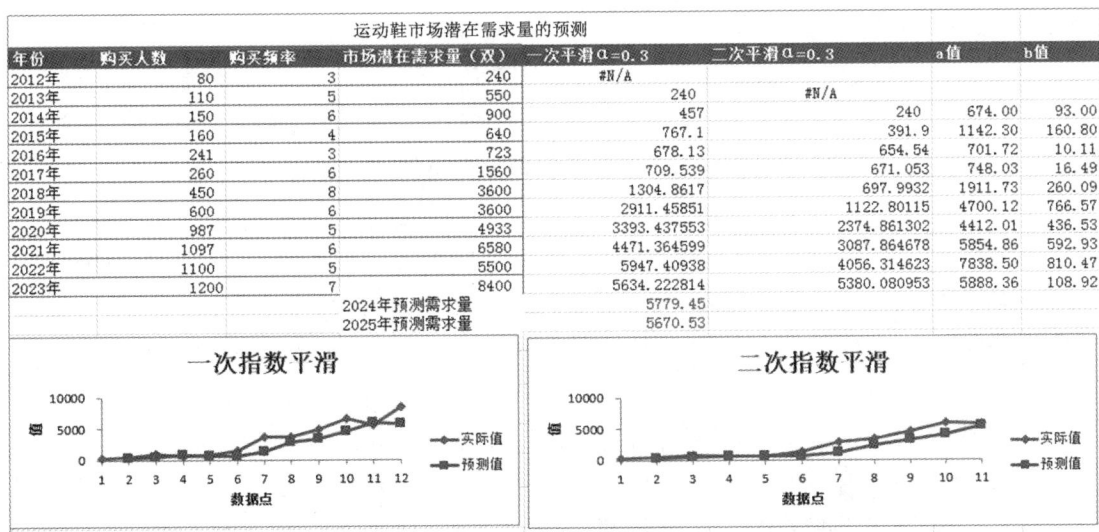

图 5-1　市场潜在需求量分析最终效果

下面首先加载"分析工具库"，然后利用工具库中的"指数平滑"工具来对 2024 年和 2025 年运动鞋的市场潜在需求量进行预测。

一、添加分析工具库

分析工具库是 Excel 2016 的一个加载项程序，默认情况下是隐藏的，要想使用该功能，首先应该在 Excel 2016 中添加该分析工具库，具体操作如下。

（1）打开素材文件"市场需求量分析.xlsx"工作簿（素材参见：素材文件\项目五\市

场需求量分析.xlsx),在"Sheet1"工作表中单击"文件"选项卡,在打开的下拉列表中选择"选项"选项。

(2)打开"Excel 选项"对话框,单击"加载项"选项卡,在右侧的"管理"下拉列表中选择"Excel 加载项"选项,然后单击"转到"按钮。

(3)打开"加载宏"对话框,在"可用加载宏"列表框中依次单击选中"分析工具库"和"规划求解加载项"复选框,然后单击"确定"按钮。

(4)返回 Excel 2016 工作表界面,单击菜单栏中的"数据"选项卡,在"分析"组中可以查看添加的数据分析工具,如图 5-2 所示。

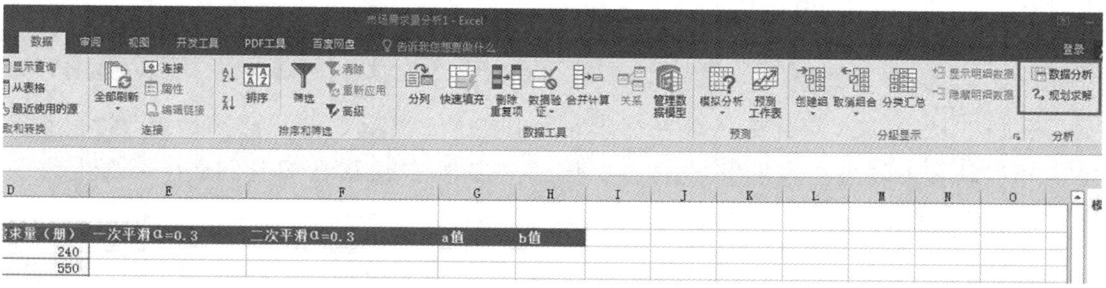

图 5-2　查看添加的数据分析工具

二、利用"指数平滑"工具分析市场需求量

指数平滑法是一种改良的加权平均法,其根据本期的实际值和预测值,并借助平滑系数(α)进行加权平均计算,从而预测下一期的值。一次指数平滑主要用于对某一数据发展趋势的分析,若要计算具体的预测值,还需要进行二次指数平滑。

【例 5-1】　下面将利用"指数平滑"工具,通过二次指数平滑对 2024 年和 2025 年的市场需求量进行预测,涉及的公式有 $Y_{t+T} = a_t - b_t * T$、$a_t = 2 * S_t(1) - S_t(2)$,以及 $b_t = (\alpha/1-\alpha) * (S_t(1) - S_t(2))$。具体操作如下。

(1)在"市场需求量分析.xlsx"工作簿中单击"Sheet1"工作表标签,然后在"数据"选项卡的"分析"组中单击"数据分析"按钮。

(2)打开"数据分析"对话框,在"分析工具"列表框中选择"指数平滑"选项,然后单击"确定"按钮。

(3)打开"指数平滑"对话框,在"输入"栏的"输入区域"文本框中输入"＄D＄3:＄D＄14",在"阻尼系数"文本框中输入"0.3";在"输出选项"栏的"输出区域"文本框中输入"＄E＄3",单击选中"图表输出"复选框,然后单击"确定"按钮。

(4)返回 Excel 工作界面,此时,工作表中的 E3:E14 单元格区域显示了一次指数平滑的数值,并通过图表形式显示了实际值与预测值的对比效果,将其中图表标题更改为"一次指数平滑",最终效果如图 5-3 所示。

一次平滑α=0.3	二次平滑α=0.3	a值	b值
#N/A			
240			
457			
767.1			
678.13			
709.539			
1304.8617			
2911.45851			
3393.437553			
4471.364599			
5947.40938			
5634.222814			

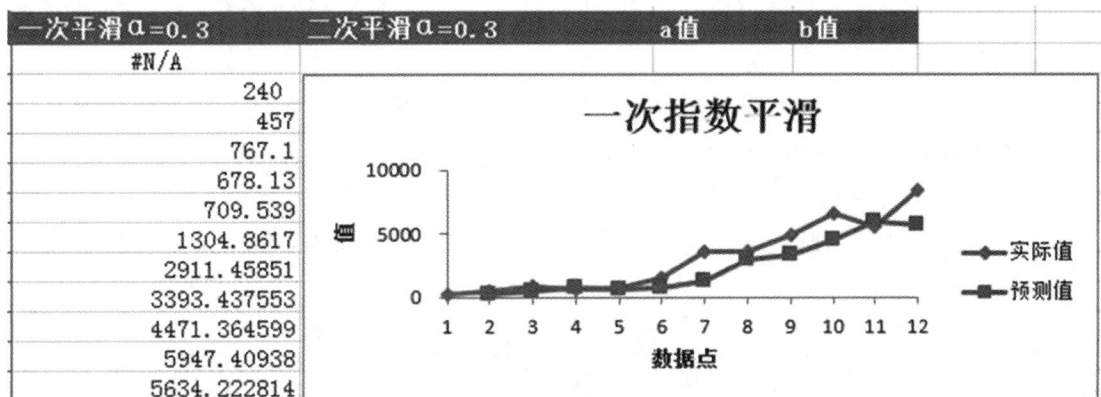

图 5-3　显示一次指数平滑结果

(5)适当调整图表的显示位置后,再次打开"指数平滑"对话框,在"输入"栏的"输入区域"文本框中输入"1!＄E＄4:＄E＄14",在"阻尼系数"文本框中输入"0.3";在"输出选项"栏的"输出区域"文本框中输入"Sheet1!＄F＄4",单击选中"图表输出"复选框,然后单击"确定"按钮。

(6)返回 Excel 工作界面,此时,工作表中的 F4:F14 单元格区域显示了二次指数平滑的数值,并通过图表形式显示了实际值与预测值的对比效果,将其中图表标题更改为"二次指数平滑",最终效果如图 5-4 所示。

二次平滑α=0.3	a值	b值
#N/A		
240		
391.9		
654.54		
671.053		
697.9932		
1122.80115		
2374.861302		
3087.864678		
4056.314623		
5380.080953		

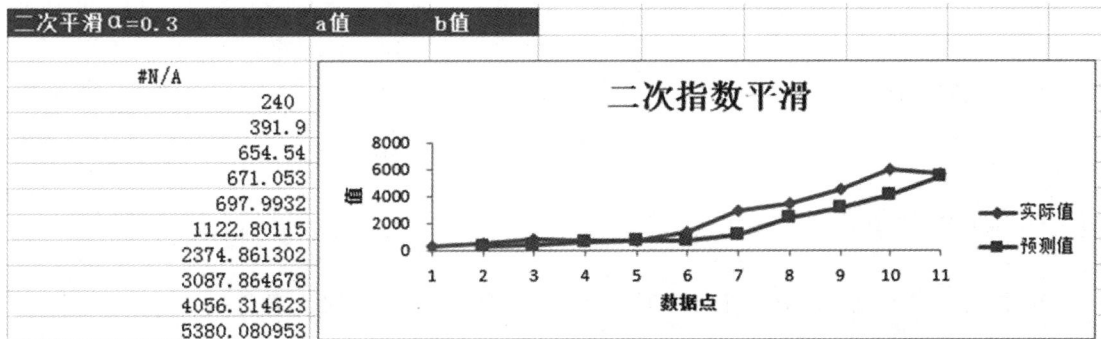

图 5-4　显示二次指数平滑结果

(7)由二次指数平滑公式"$Y_{t+T} = a_t - b_t * T$"可知:要计算最终的预测值,首先要计算 a_t 值。其中,$a_t = 2 * S_t(1) - S_t(2)$,$S_t(1)$对应工作表中一次指数平滑值,$S_t(2)$对应二次指数平滑值,$α$ 对应阻尼系数 0.3,所以在 G5 单元格中输入公式"＝2＊E5-F5",并按"Enter"键得出计算结果。

(8)利用鼠标拖动 G5 单元格右下角的填充柄至 G14 单元格,对公式进行快速填充。

(9)选择 H5 单元格,并输入公式"＝0.3/(1-0.3)＊(E5-F5)"后按"Enter"键得出计算结果。

（10）利用鼠标拖动 H5 单元格右下角的填充柄至 H14 单元格，对公式进行快速填充。

（11）由二次指数平滑公式"$Y_{t+T} = a_t\text{-}b_t * T$"可知：2024 年运动鞋市场的潜在需求量 $= a_{2023}\text{-}b_{2023} * (2024\text{-}2023)$。所以，选择 E15 单元格并输入公式"＝G14-H14 * 1"，并按"Enter"键得出计算结果。

（12）按照相同的计算方法预测 2025 年的运动鞋需求量，需要注意的是公式中的"T"值不再是"1"，而应该是"2"（2025-2023），最终计算结果如图 5-5 所示。

3600	1304.8617	697.9932
3600	2911.45851	1122.80115
4933	3393.437553	2374.861302
6580	4471.364599	3087.864678
5500	5947.40938	4056.314623
8400	5634.222814	5380.080953
2024年预测需求量	5779.45	
2025年预测需求量	5670.53	

图 5-5　预测 2024 年、2025 年需求量

（13）调整插入的"一次指数平滑"和"二次指数平滑"图表，使之与 E17 单元格左上角对齐，并适当增加"二次指数平滑"图表的宽度，将最终的预测结果值用红色字体表示，效果如图 5-1 所示。

三、拓展知识

（一）市场潜力

为了能够更准确、直观地评估市场潜力，此处引入"蛋糕指数"这一量化分析工具。它就像一把精准的标尺，帮助人们衡量市场潜力的大小。蛋糕指数的计算公式为：

$$蛋糕指数＝支付金额较父行业占比÷父行业卖家数占比$$

在这个公式中，分子"支付金额较父行业占比"反映的是该行业在父行业整体市场交易金额中所占的比例，其代表了这个行业的市场容量，也就是这个市场能够承载的生意规模有多大；分母"父行业卖家数占比"体现的是该行业的商家数量在父行业总商家数量中所占的比例，用于衡量该行业商家数量的相对规模。通过这样的计算方式，可以得到一个数值，这个数值越大，说明该行业的市场潜力越大。以母婴用品行业（父行业）中的儿童智能手表细分行业为例。假设在过去一年里，母婴用品行业的总支付金额为 100 亿元，其中儿童智能手表行业的支付金额为 5 亿元，那么儿童智能手表行业支付金额较母婴用品行业占比为 5%（计算方法为：5÷100×100%）；同时，母婴用品行业总共有 1000 个商家，儿童智能手表行业有 20 个商家，其卖家数占比为 2%（计算方法为：20÷1000×100%）。根据蛋糕指数公式计算可得，儿童智能手表行业的蛋糕指数为 5%÷2% = 2.5。这表明在母婴用品行业中，儿童智能手表行业具有一定的市场潜力，但具体是否值得进入，还需要结合市场容量等其他因素进一步分析。

（二）市场细分

市场细分就是企业按照某种标准将市场上的消费者划分成若干个消费者群，每一个消费者群构成一个子市场，不同子市场之间，需求存在着明显差别。

市场细分需要基于市场属性或自然属性对市场进行细分。市场细分可从以下几个方面入手。

1.基于人群的市场细分

基于人群的市场细分是根据人群的一定特征，如人口总数、家庭户数、年龄、性别、职业、民族、文化、收入、地域等方面进行细分。

比如服装行业的市场细分：基于性别，可分为女性市场和男性市场；基于年龄，可分为婴幼儿市场、儿童市场、青少年市场、青中年市场和老年市场；基于职业，可分为学生市场（校服）、白领市场（制服）、工人市场（工服）、家庭主妇市场（家居服）、表演者市场（演出服）；等等。

2.基于产品的市场细分

基于产品的市场细分是针对不同的消费者群，根据产品的不同特征细分市场。对产品特征的研究，浅层面上可以直接使用平台提供的数据或者收集产品数据后进行统计分析，如果要深入研究产品特征，则需要先对产品进行精准的特征打标，再进行数据的统计分析。

例如，在对裤子行业市场进行市场细分时，可以根据不同消费者群的需要，以裤子的腰型、款式、裤长、材质、功能等特征进行细分。

3.基于渠道的市场细分

基于渠道的市场细分是根据不同的流量来源来细分市场，不同的渠道有其特定的受众，同时也适合推广不同的产品，如活动折扣类的聚划算、广告营销类的直通车、站外的返利网，以及搜索引擎所带来的市场等。

任务二　竞争产品市场份额分析

简单来说,市场份额就是产品的销售量或销售额在市场同类产品中所占的比重,其体现了企业对市场的控制能力。

图 5-6 展示的是竞争产品市场份额分析的最终效果,其中展示了两款洗面奶 2022 年和 2023 年在 3 个地区的整体市场占有情况。

下面首先通过公式来计算两款洗面奶的市场占有率,其次利用 SUMPRODUCT 函数计算两款洗面奶在武汉、重庆和上海 3 个地区的实际销量,最后利用柱形图对比分析两款洗面奶在 2022 年和 2023 年的市场占有率。

二维码 5-2
竞争产品市场
份额分析
操作视频

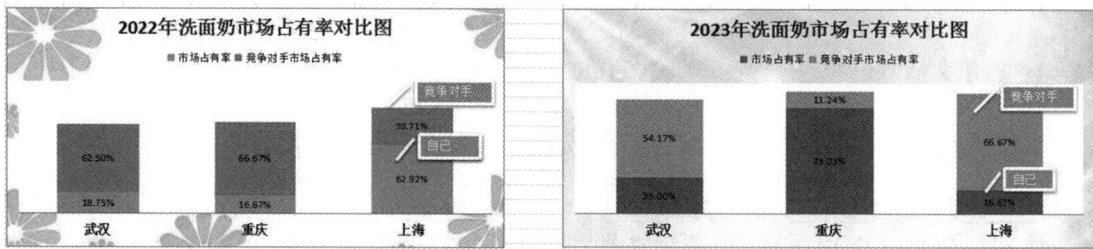

图 5-6　竞争产品市场份额分析的最终效果

一、使用公式计算市场占有率

市场占有率是指在一定时期内,某企业某产品的销售量(销售额)占市场上同类产品销售总量(销售总额)的比重。

【例 5-2】　下面将在"竞争产品市场份额分析.xlsx"工作簿中,分别计算某企业自家产品和竞争产品的市场占有率,具体操作如下。

(1)打开素材文件"竞争产品市场份额分析.xlsx"工作簿(素材参见:素材文件\项目五\竞争产品市场份额分析.xlsx),在"Sheet1"工作表中选择 F3 单元格,输入公式"= D3/C3"。

(2)按"Enter"键查看计算结果,然后重新选择 F3 单元格,拖动其填充柄进行公式复制。

(3)此时,F8 单元格的下框线为"无"。选择 F8 单元格,单击"开始"选项卡"字体"组中的"展开"按钮。

(4)打开"设置单元格格式"对话框,单击"边框"选项卡,在"颜色"下拉列表中选择"蓝色,强调文字颜色1"选项,在"边框"栏中单击"下框线"按钮,然后单击"确定"按钮。

(5)选择G3单元格,输入公式"＝E3/C3",按"Enter"键查看计算结果,然后拖动G3单元格右下角的填充柄复制公式。

(6)选择F8单元格,单击"开始"选项卡"剪贴板"组中的"格式刷"按钮,在"Sheet1"工作表中单击G8单元格,将F8单元格的格式复制到G8单元格。

(7)按照相同的操作方法,计算某产品2023年的市场占有率和竞争对手市场占有率,最终效果如图5-7所示。

2023年				计算
总需求量	实际销量	竞争对手销量	市场占有率	竞争对手市场占有率
7200	2000	3500	27.78%	48.61%
8900	6500	1000	73.03%	11.24%
12000	2000	8000	16.67%	66.67%
6800	5800	1000	85.29%	14.71%
5600	3200	1200	57.14%	21.43%
8540	4200	2000	49.18%	23.42%

图 5-7　计算 2023 年市场占有率

二、使用函数实现多条件求和

【例 5-3】　下面将利用 SUMPRODUCT 函数分别计算某企业自家产品和竞争产品在武汉、重庆和上海 3 个地区 2023 年的实际销量,具体操作如下。

(1)选择B10单元格,按"Shift＋F3"组合键,打开"插入函数"对话框,在"或选择类别"下拉列表中选择"数学与三角函数"选项,在"选择函数"列表框中选择"SUMPRODUCT"选项,然后单击"确定"按钮。

(2)打开"函数参数"对话框,在"Array1"文本框中输入"（＄B＄3：＄B＄8＝"武汉"）＊（＄I＄3：＄I＄8)",然后单击"确定"按钮,此时,B10单元格将显示最终的计算结果。

(3)保持B10单元格的选择状态,按"Ctrl＋C"组合键,进入复制状态,然后选择E10单元格,按"Ctrl＋V"组合键进行粘贴。

(4)此时,E10单元格中的计算结果有误,将鼠标指针定位至编辑栏中,将公式中的"武汉"更改为"重庆"。

(5)按"Enter"键确认公式的修改,查看正确的计算结果。

(6)继续利用复制和修改函数的方法,计算2023年上海地区的实际销量,最终效果如图5-8所示。

| 2022年 | | | | | 2023年 |
销量	市场占有率	竞争对手市场占有率	总需求量	实际销量	竞争对手销量	市场占
3500	18.75%	62.50%	7200	2000	3500	
4000	29.41%	58.82%	8900	6500	1000	
3000	62.92%	33.71%	12000	2000	8000	
7800	30.44%	64.53%	6800	5800	1000	
6000	40.65%	48.78%	5600	3200	1200	
4500	8.34%	64.47%	8540	4200	2000	
9700	计算2023年在上海地区的实际销量		6200			

图 5-8　计算上海地区的实际销量

三、创建市场占有率对比图

【例 5-4】　为了更直观地显示单元格中数据的大小，下面将利用堆积柱形图来对洗面奶的市场占有率情况进行对比分析，具体操作如下。

（1）在"Sheet1"工作表中选择 B2：B5 单元格区域，按住"Ctrl"键的同时加选 F2：G5 单元格区域，然后单击"插入"选项卡"图表"组中的"柱形图"按钮，在打开的下拉列表中选择"二维柱形图"栏的"堆积柱形图"选项。

（2）保持插入图表的选择状态，在"图表工具—设计"选项卡的"图表布局"组中单击"快速布局"按钮，在打开的下拉列表中选择"布局 2"选项。

（3）将图表标题更改为"2022 年洗面奶市场占有率对比图"。

（4）选择图表区，单击"图表工具—格式"选项卡"当前所选内容"组中的"设置所选内容格式"按钮。

（5）打开"设置图表区格式"对话框，在"填充"选项卡中单击选中"图片或纹理填充"单选项，然后单击"文件"按钮。

（6）打开"插入图片"对话框，选择"背景 1.jpg"选项（素材参见：素材文件\项目五\背景 1.jpg），然后单击"插入"按钮。

（7）此时，图表区的背景将填充为选择的图片。选择图表中的水平轴元素，在"开始"选项卡的"字体"组中分别单击"加粗"按钮和"字号增大"按钮，设置水平轴中的字体格式。

（8）在"插入"选项卡的"插图"组中单击"形状"按钮，在打开的下拉列表中选择"标注"栏中的"标注：线形"选项。

（9）按住鼠标左键不放进行拖动，绘制一个线形标注，然后在标注上单击鼠标右键，在弹出的快捷菜单中选择"编辑文字"命令。

（10）此时，鼠标指针将自动定位至标注中，输入文本"竞争对手"，然后在"图表工具—格式"选项卡"形状样式"组中的"快速样式"下拉列表中选择"浅色1轮廓，彩色填充-橙色，强调颜色6"选项。

（11）此时，图表中将显示添加的"竞争对手"线形标注。按照相同的操作方法，继续在绘图区中添加另一个线形标注"自己"，格式与前一个标注相同。

（12）使用前面讲解的操作方法，在工作表中创建另一个标题为"2023年洗面奶市场占有率对比图"的图表。其中，引用的数据区域为B2:B5和K2:L5单元格区域，图表区背景的填充图片为"背景2.jpg"（素材参见：素材文件\项目五\背景2.jpg），其他格式的设置方法与前述图表相同，设置后的最终效果如图5-9所示（效果参见：效果文件\项目五\竞争产品市场份额分析.xlsx）。

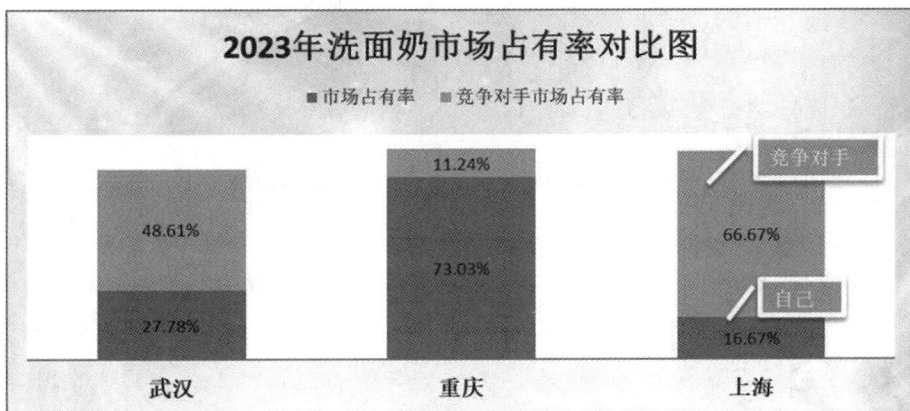

图 5-9　创建 2023 年洗面奶市场占有率对比图

任务三　竞争对手价格差异分析

在对竞争对手的分析中，一个关键的部分就是评估竞争对手的价格体系。企业一旦知道了竞争对手的价格体系，就能评估自己产品的成本结构和市场定位，实现动态监控市场反馈并调整策略。

二维码 5-3
竞争对手价格差异分析操作视频

图5-10展示的是竞争对手价格差异分析的最终效果。通过制作动态图表，企业营销人员可以选择性地对不同竞争对手的价格进行对比分析，从而了解竞争对手在产品价格方面的优势。

为了方便图表中数据区域的引用，下面将为单元格区域定义名称，利用工作表中的已知数据创建堆积柱形图，并对柱形图进行编辑，最后在 Excel 功能区中添加"开发工具"，利用滚动条制作动态图表。

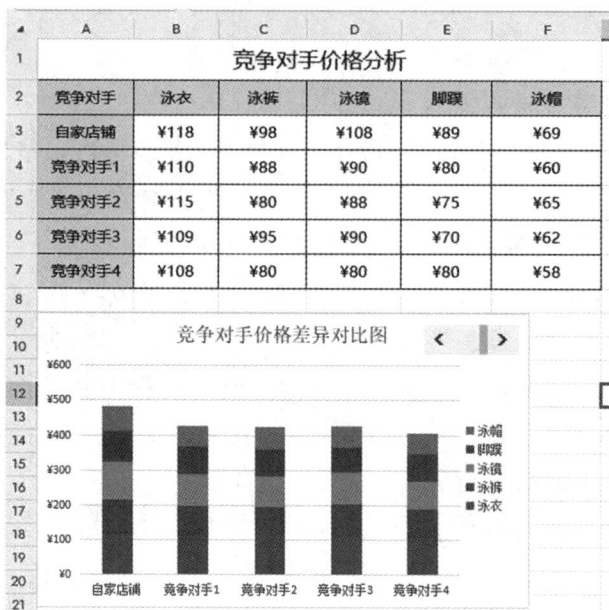

图 5-10　竞争对手价格差异分析的最终效果

一、定义名称

【例 5-5】　下面将在"竞争对手价格差异分析.xlsx"工作簿中对"Sheet1"工作表中的相关区域定义名称,具体操作如下。

(1)打开素材文件"竞争对手价格差异分析.xlsx"工作簿(素材参见:素材文件\项目五\竞争对手价格差异分析.xlsx),在"Sheet1"工作表中选择 G2 单元格,输入小于或等于 5 的数字,然后单击"公式"选项卡"定义的名称"组中的"定义名称"按钮。

(2)打开"新建名称"对话框,在"名称"文本框中输入"泳衣",在"引用位置"文本框中输入"=OFFSET(Sheet1!＄B＄3,0,0,Sheet1!＄G＄2,1)",然后单击"确定"按钮,如图 5-11 所示。

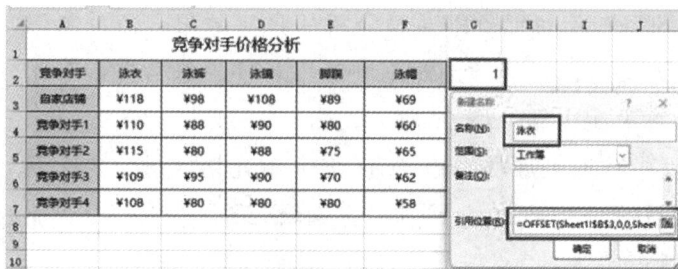

图 5-11　新建名称

（3）返回 Excel 工作界面，单击"定义的名称"组中的"名称管理器"按钮，在打开的"名称管理器"对话框中可查看新定义的名称。此时，若需要修改定义名称的引用范围、位置和名称等参数，可以单击"编辑"按钮来实现。

（4）按照相同的操作方法，继续添加"泳裤""泳镜""脚蹼""泳帽""竞争对手"5个名称，如图 5-12 所示。各自的引用位置与"泳衣"的引用位置基本相同，只需更改为对应的单元格即可，如"泳镜"所对应的引用位置为"＝OFFSET（Sheet1!$D$3,0,0,Sheet1!$G$2,1）"，以此类推。"引用位置"参数使用了 OFFSET 函数，该函数是一个引用函数，表示引用某一个单元格或单元格区域。

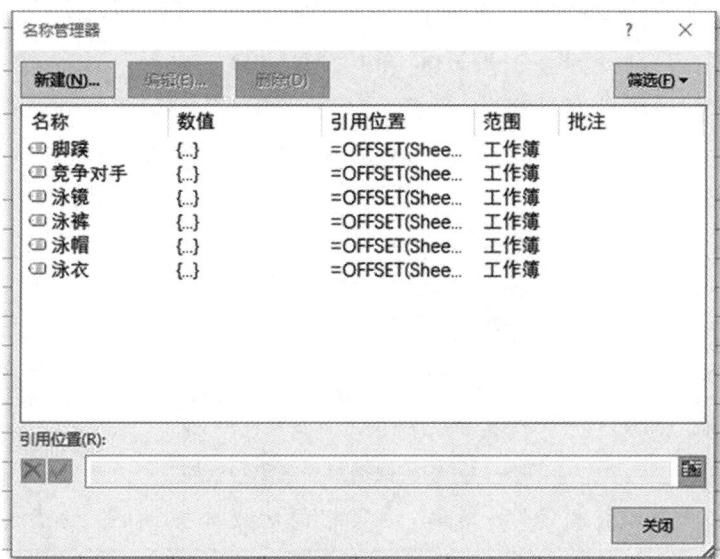

图 5-12　成功创建的 6 个名称

二、创建动态图表

利用动态图表来展示竞争对手之间的价格差异状况可以使展示效果更加丰富、生动。

【例 5-6】　下面将在"Sheet1"工作表中利用 Excel 滚动条来查看不同竞争对手之间的价格差异情况，具体操作如下。

（1）在"Sheet1"工作表中，单击"插入"选项卡"图表"组中的"柱形图"按钮，在打开的下拉列表中选择"二维柱形图"栏的"堆积柱形图"选项。

（2）此时，工作表中将自动插入一张空白的图表，单击"图表工具—设计"选项卡"数据"组中的"选择数据"按钮。

（3）打开"选择数据源"对话框，单击其中的"添加"按钮，如图 5-13 所示。

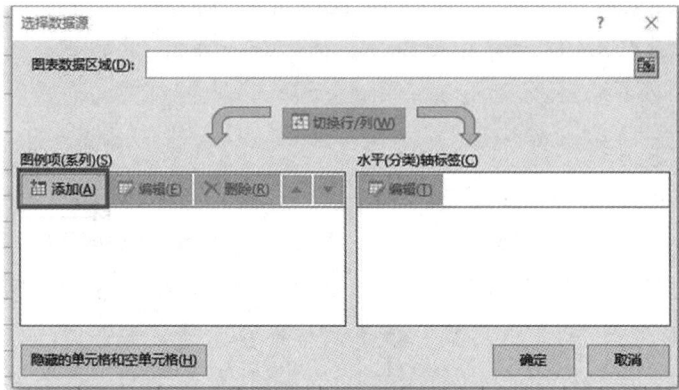

图 5-13　单击"添加"按钮

（4）打开"编辑数据系列"对话框，在"系列名称"文本框中输入"泳衣"，在"系列值"文本框中输入"＝Sheet1!泳衣"，然后单击"确定"按钮，如图 5-14 所示。

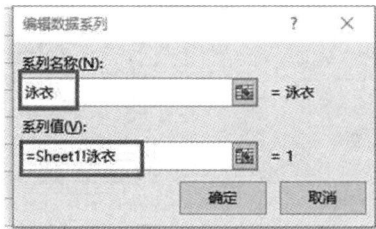

图 5-14　编辑数据系列名称和区域

（5）返回"选择数据源"对话框，按照相同的操作方法，继续添加"泳裤""泳镜""脚蹼""泳帽"数据系列。

（6）在"水平（分类）轴标签"列表中选择"1"选项，然后单击"编辑"按钮，最终效果如图 5-15 所示。

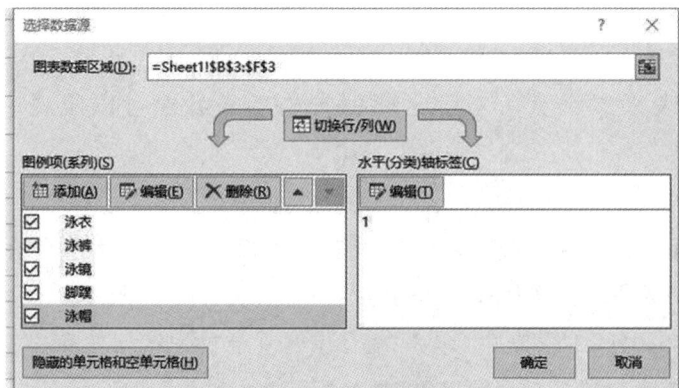

图 5-15　继续添加其他数据系列

（7）打开"轴标签"对话框，在"轴标签区域"文本框中输入"＝Sheet1!竞争对手"，然后依次单击"确定"按钮，如图 5-16 所示，完成数据源的设置。

图 5-16　输入轴标签区域

（8）返回 Excel 工作界面，添加图表元素"图表标题""图例"，最终效果如图 5-17 所示。

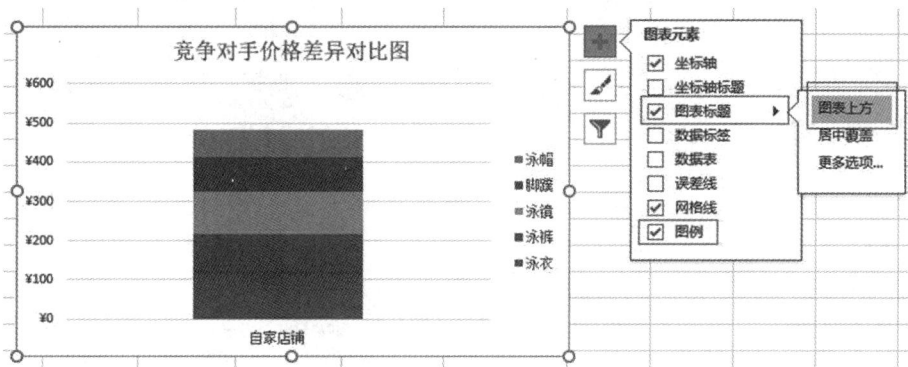

图 5-17　编辑图表后的效果

（9）在"数据"栏任意"选项卡"单击鼠标右键，然后鼠标左键选择"自定义功能区"，如图 5-18 所示。

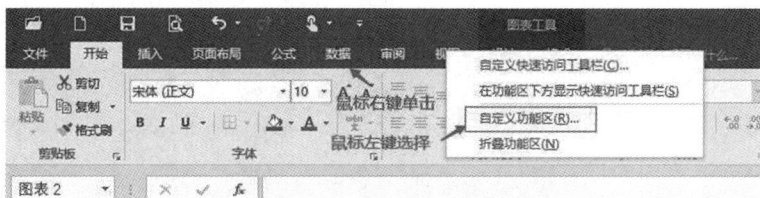

图 5-18　打开"自定义功能区"

（10）在"自定义功能区"列表框中单击选中"开发工具"复选框，然后单击"确定"按钮，如图 5-19 所示。此时，Excel 功能区中将显示新添加的"开发工具"选项卡。

（11）单击"开发工具"选项卡"控件"组中的"插入"按钮，在打开的下拉列表中选择"表单控件"栏中的"滚动条（窗体控件）"选项，如图 5-20 所示。

（12）在图表区的右上角拖动鼠标绘制滚动条，然后在绘制好的滚动条上单击鼠标右键，在弹出的快捷菜单中选择"设置控件格式"命令，如图 5-21 所示。

（13）打开"设置控件格式"对话框，分别在"当前值""最小值""最大值""步长""页步长"数值框中输入"1""1""5""1""2"，然后在"单元格链接"文本框中输入"＄G＄2"，最后单击"确定"按钮，如图 5-22 所示。

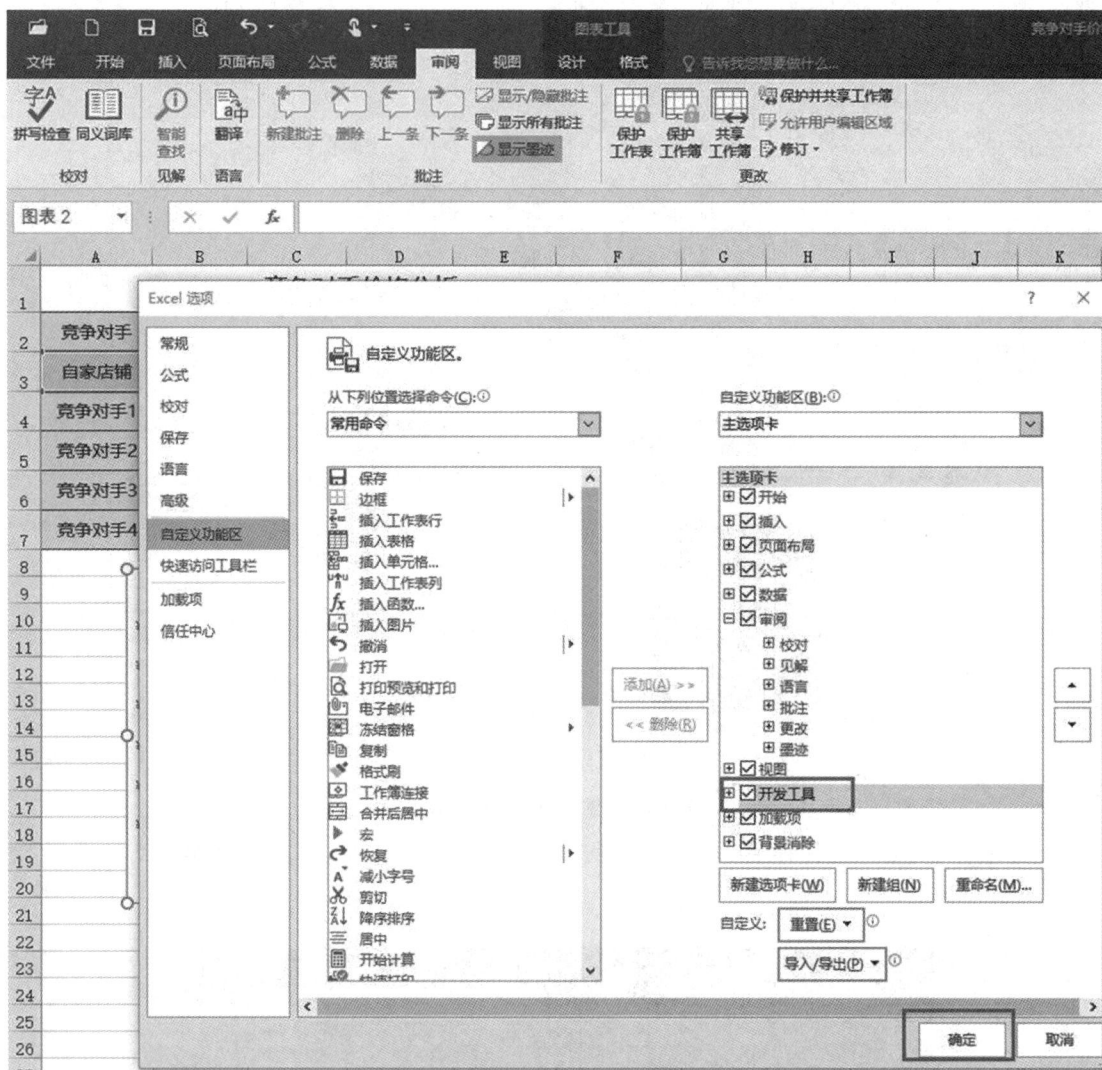

图 5-19　添加"开发工具"选项卡

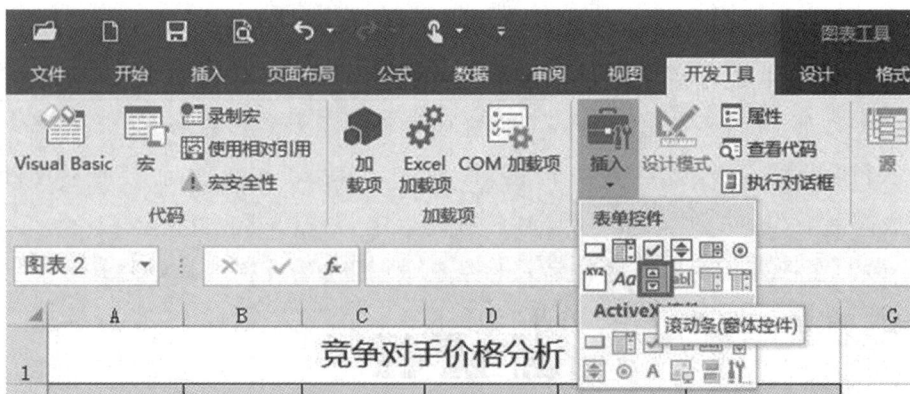

图 5-20　插入表单控件

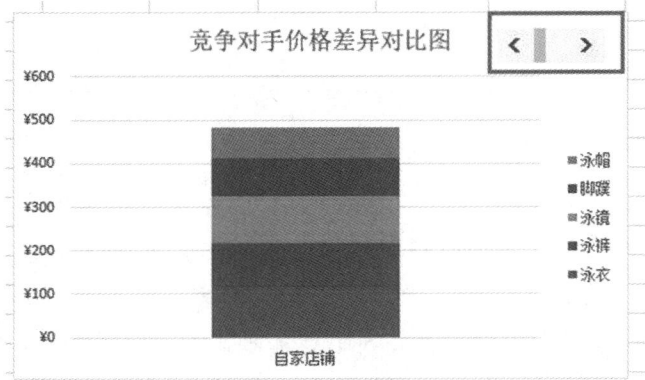

图 5-21 绘制控件

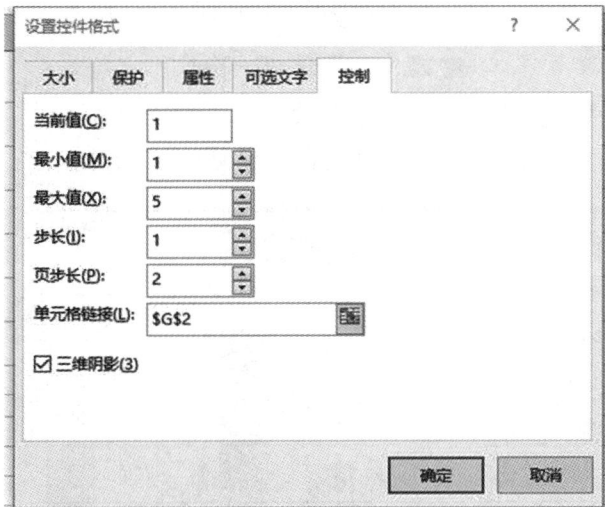

图 5-22 设置控件的控制参数

（14）此时，将鼠标指针定位至滚动条上，当其变成手形时，拖动滚动条，即可查看不同竞争对手的价格差异，如图 5-23 所示。

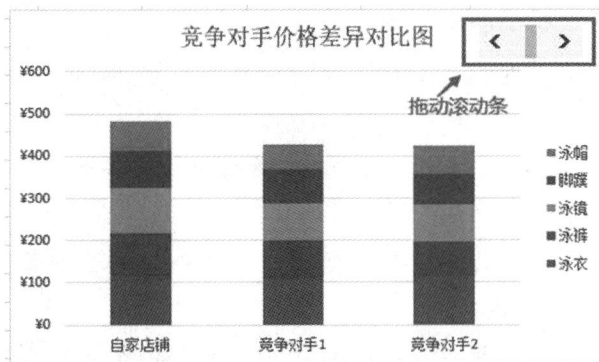

图 5-23 拖动滚动条查看数据系列

新手提升

动态图表的创建

一、基于 Excel 控件的动态图表创建

（1）使用组合框或列表框。通过在 Excel 中插入组合框或列表框（开发工具—插入—组合框或列表框），允许人们选择不同的数据系列。

（2）使用定义名称和公式。通过定义名称（公式—定义名称）并结合 INDEX、OFFSET 等 Excel 公式来动态指定图表的数据源。

（3）设置控件格式。对于插入的组合框或列表框，需要设置控件格式以指定数据源和链接单元格（右键控件—设置控件格式）。

（4）编辑图表数据系列。在图表中选择数据系列进行编辑，将系列值链接到之前定义的名称。图 5-24 就是通过控件创建的动态图表。

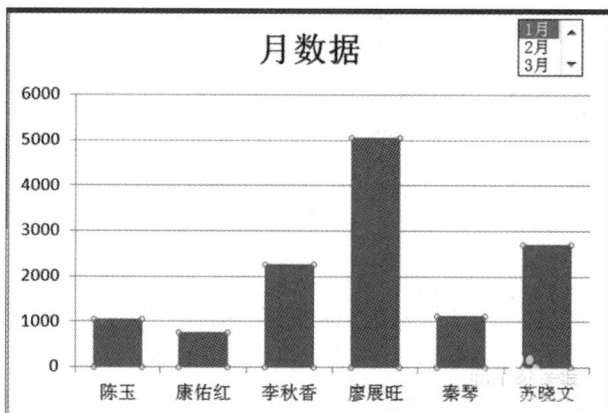

图 5-24　通过控件创建的动态图表

二、基于数据透视图和切片器的动态图表创建

（1）创建数据透视图。基于数据源创建数据透视图，并安排数据透视字段以适应需求。

（2）添加切片器。选中数据透视图后，插入切片器并选择需要的字段，实现快速筛选视图。

（3）调整透视图外观。可以对数据透视图的外观进行调整，隐藏不需要的字段按钮或更改切片器的样式。

（4）变换图表类型。若默认的图表类型不满足需求，可通过"图表工具—设计"选项卡下的"更改图表类型"进行更换。图 5-25 是通过数据透视图和切片器创建的动态图表。

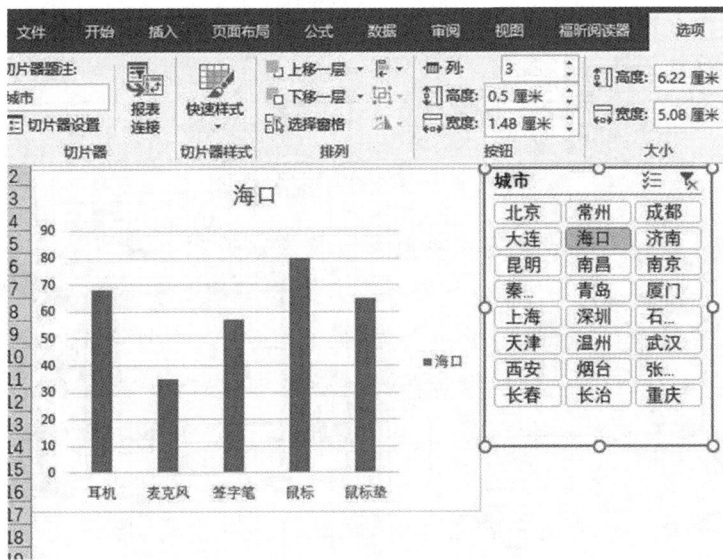

图 5-25 通过数据透视图和切片器创建的动态图表

三、基于函数公式法的动态图表创建

（1）INDIRECT 函数配合下拉列表。利用数据验证制作下拉列表，并通过 INDIRECT 函数根据选择动态引用数据区域。

（2）OFFSET 和 MATCH 组合。使用 OFFSET 返回偏移后的区域，并结合 MATCH 查找下拉列表选项中对应的行号。

（3）VLOOKUP 辅助行构造。通过 VLOOKUP 函数在一个辅助行中根据下拉选择动态填充数据，然后以此数据制作图表。图 5-26 是通过函数公式法创建的动态图表。

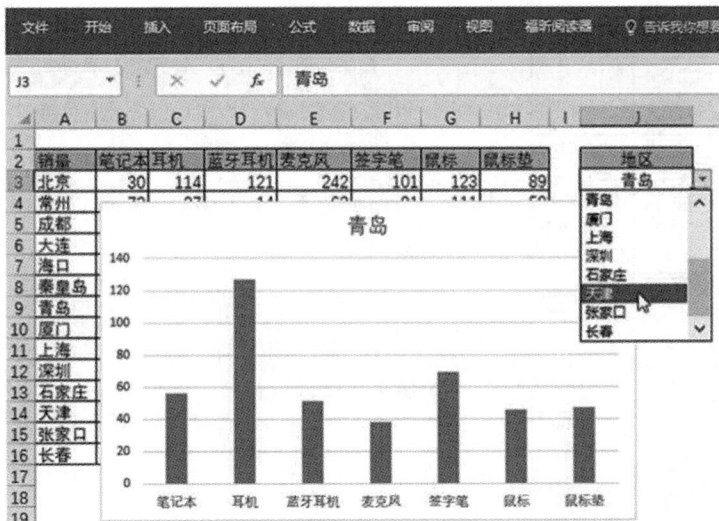

图 5-26 通过函数公式法创建的动态图表

课程思政

公平竞争、价格竞争

我国经济已由高速增长阶段转向高质量发展阶段。高质量发展离不开高水平创新,高水平创新离不开公平竞争。只有公平的竞争环境,才能繁荣创新;只有不断繁荣创新,才能提高竞争的层次和水平;只有提高竞争的层次和水平,才能进一步推动创新繁荣,从而持续推动经济高质量发展。因此,强化反垄断、深入推进公平竞争政策实施,才能实现竞争和创新的良性互动,推动经济高质量发展。

价格竞争是指企业运用价格手段,通过价格的提高、维持或降低,以及对竞争对手定价或变价的灵活反应等,来与竞争对手争夺市场份额的一种竞争方式。长期以来,价格竞争一直深受店铺经营者的重视,甚至一谈到竞争,就会想到削价。在一定条件下,价格竞争是必要的,但是,把价格高低看成决定交易成败的唯一因素,难免会造成恶性价格竞争的泛滥。

课后巩固

实训:商品搜索量动态图表创建练习

周数	日期	搜索量
第一周	星期一	7457
	星期二	8573
	星期三	11194
	星期四	7351
	星期五	9265
	星期六	10158
	星期日	10164
第二周	星期一	11674
	星期二	11953
	星期三	10283
	星期四	10027
	星期五	9319
	星期六	11769
	星期日	12092
第三周	星期一	13889
	星期二	10901
	星期三	14187
	星期四	13691
	星期五	14719
	星期六	11405
	星期日	11148

图 5-27　商品连续四周搜索量统计

打开“商品连续四周搜索量统计.xlsx”工作薄,如图 5-27 所示,使用滚动条控件查看并分析每周的商品搜索量。

(1)使用 OFFSET 函数以 7 天为单位查找数据。

(2)插入折线图,分析每周数据。

(3)插入滚动条控件,设置控件格式,拖动滚动条中的滑块,图表数据随之更改。

项目六　商品采购成本分析

　　在竞争激烈的商业环境中,采购人员可以通过系统分析商品采购成本,精准把握采购关键环节,持续优化采购策略,有效降低企业运营成本。本项目主要介绍商品采购成本分析的各类方法与策略,包括商品采购价格与采购时间的分析、不同供应商报价对比、采购金额和平均价格统计,以及采购金额预测等内容。这些分析成果是合理规划采购计划、筛选优质供应商、控制库存水平、降低采购成本的重要依据,同时有助于培养采购人员在成本管控、风险应对与协同合作方面的职业素养,助力企业在采购环节实现降本增效,提升市场竞争力。

学习目标

- 掌握分析商品采购价格与采购时间的方法。
- 掌握分析不同供应商的商品报价的方法。
- 掌握统计和分析商品采购金额和平均价格的方法。
- 掌握预测商品采购金额的方法。

素养目标

- 能够对采购成本进行详细分析,包括直接成本和间接成本。
- 与供应商建立良好的合作关系,实现信息共享和协同规划。
- 提高采购效率,合理控制库存,降低不必要的成本。
- 通过质量管理和市场预测,制定有效的风险管理策略。

任务一　采购数据认知

一、采购数据的概念

采购是指企业在一定的条件下,从供应市场获取商品或服务作为企业资源,以保证企业的生产及经营活动正常开展的一项企业经营活动。

采购数据来源于采购流程的各个环节,要明确采购数据的内容,首先要了解采购流程。

采购流程包括收集信息、询价、比价、议价、评估、索样、决定、请购、订购、协调与沟通、催交、进货验收,以及整理付款等。

采购流程中产生的数据都属于采购数据,如商品采购明细数据(日期、商品名称、采购数量、价格)、供应商报价数据(商品名称、供应商、商品报价)、商品采购成本数据(商品名称、日期、成本价格)、采购金额预测数据(年份、投入成本、预测成本)等。

二、采购的 5R 原则

采购的 5R 原则包括适价(合适的价格)、适质(合适的质量)、适量(合适的数量)、适地(合适的地点)和适时(合适的时间)(见图 6-1)。这些原则是指导采购活动的基本准则,旨在优化采购效果,提高企业运营效率。以下是对 5R 原则的详细解读。

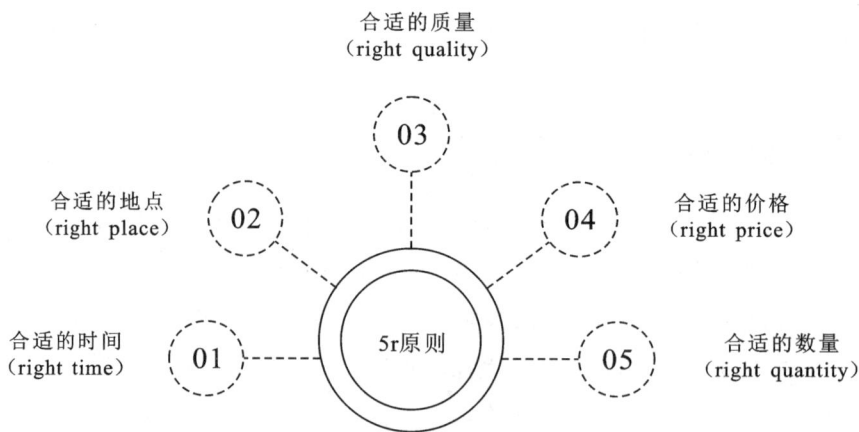

图 6-1　采购的 5R 原则

（一）适价

1.定义

适价（right price）是指在保证质量的前提下，以最合理的价格购买所需的商品或服务。价格管理是采购活动中永恒的主题，因为价格直接影响到企业的采购成本。

2.操作策略

采购人员应通过多渠道报价、比价、议价等环节，确保获得最优价格。这需要采购人员对市场有深入的了解，并具备一定的谈判技巧。

3.隐性因素考量

在考虑商品或服务的价格时，不仅要看显性的成本，还要关注品质、交货期、服务、维修、保质期等隐性成本。这些因素往往对采购总成本有重要影响。

（二）适质

1.定义

适质（right quality）指的是采购的商品或服务必须符合企业使用的质量要求。质量是企业的生命线，直接影响到企业的市场竞争力。

2.平衡质量与成本

过高的质量要求会增加成本，而过低的质量要求则会影响商品或服务的质量。因此，采购的商品和服务应满足适当的质量标准，既要符合生产需求，又要避免不必要的质量过剩。

3.供应商质量管理

采购人员须扮演品质管理者的角色，推动供应商改善并稳定商品或服务的品质。具体方法包括签订质量保证协议、进行来料检查、审查供应商质量体系等。

（三）适量

1.定义

适量（right quantity）强调采购商品或服务的数量应当是经济适宜的订购量。适量采购既能满足生产需求，又能避免库存积压和资金占用。

2.库存管理

采购的数量应根据有效的库存管理和需求预测来确定，从而提高存货周转率，降低储存成本。现代库存管理方式如 VMI（vendor managed inventory，供应商管理库存）可以帮助实现这一点。

3.协调供应商

采购人员应与供应商协调合理的经济生产批量，以确保双方利益的最大化。

（四）适地

1.定义

适地（right place）是指选择地理位置合适的供应商。供应商的选择不仅要考虑其技术实力，还要考虑其所处的地理位置和生产规模。

2.地理位置

距离较近的供应商通常更受企业青睐，企业往往会优先考虑与周边地区的供应商开展合作，因为近距离供货可以降低运输成本、提高沟通效率。

3.供应商规模

选择与企业规模相匹配的供应商也很重要。规模较大的供应商，其提供的商品和服务在品质上虽然较为可靠，但如果企业的采购量不足以引起供应商的重视，可能在价格和服务上没有较大的谈判优势。

（五）适时

1.定义

适时（right time）要求采购物料的时机必须恰当。这意味着必须在正确的时间进行采购，确保物料按时到达，既不延迟也不过早，以确保生产计划的顺利进行。

2.采购前置期

采购前置期（lead time）即从下达采购订单到供应商完成产品交付并可供企业使用的时间。采购人员应合理计算最佳订购时间点，防止生产链和供应链中断。

3.协调供应商交货

采购人员需要监督供应商按预定时间交货，防止提前或延迟交货对企业生产和库存造成不良影响。

综上所述，采购的 5R 原则为企业提供了一套全面指导采购活动的规则。5R 原则涵盖了价格、质量、数量、地点和时间等方面，帮助企业在复杂的市场环境中做出最佳采购决策。采购人员不仅要熟悉 5R 原则，还需要具备市场分析、沟通协调、谈判等技能，以确保采购活动能够真正实现企业利益最大化。

任务二　商品采购成本分析

一、商品成本价格分析

商品的成本价格会受到很多因素的影响，如供求关系、季节、交通等，因此在采购商品过程中要注意采购时机，节约采购成本。

由于商品的成本价格是动态变化的，因此企业需要根据最新的成本价格进行趋势分析，这就需要制作动态变化的图表，能随源数据的改变而自动更新，来展示最近一段时间的成本价格数据。

二维码 6-1
商品成本价格
分析操作视频

【例 6-1】　图 6-2 的商品每日采购价格表中，按顺序记录了某商品每日的采购价格。下面将通过带数据标记的折线图实时显示最近 10 天的商品价格走势，具体操作如下。

◢	A	B	C
1	日期	采购价格	最近10天平均价格
2	2023/10/1	128.00	
3	2023/10/2	128.00	
4	2023/10/3	135.00	
5	2023/10/4	135.00	
6	2023/10/5	135.00	
7	2023/10/6	138.00	
8	2023/10/7	140.00	
9	2023/10/8	140.00	
10	2023/10/9	140.00	
11	2023/10/10	150.00	
12	2023/10/11	152.00	
13	2023/10/12	155.00	
14	2023/10/13	158.00	
15	2023/10/14	162.00	

图 6-2　商品每日采购价格表

分析：要在图表中实时显示最近 10 天的商品价格走势，实际上就是限定了图表数据源不是固定的，必须是最后的 10 条记录，此处采用 OFFSET 函数来进行计算。

OFFSET 函数

函数功能：以指定的引用为参照系，通过给定偏移量返回新的引用。

函数格式：OFFSET(reference,rows,cols,[height],[width])。

reference：作为参照系的引用区域，其左上角单元格是偏移量的起始位置。

rows：相对于引用参照系的左上角单元格，向上（下）偏移的行数。

cols：相对于引用参照系的左上角单元格，向左（右）偏移的列数。

height：新引用区域的行数。

width：新引用区域的列数。

注意：当省略了最后两个参数时，OFFSET 函数就只引用一个单元格，得到的就是该单元格的值；当设置了最后两个参数时，OFFSET 函数引用的是一个新的单元格区域。

例如：公式"= OFFSET(A1,3,2)"表示 A1 单元格向下偏移 3 行，到达 A4 单元格，再向右偏移 2 列，到达 C4 单元格，返回的结果是 C4 单元格的值；公式"= OFFSET(A1,3,2,3,2)"表示 A1 单元格向下偏移 3 行，再向右偏移 2 列，到达 C4 单元格，再以 C4 单元格为基准，向下引用 3 行，向右引用 2 列，得到新的单元格区域 C4：E7。

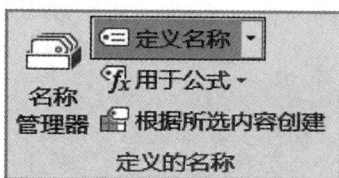

（1）打开素材文件"商品每日采购价格表．xlsx"工作簿（素材参见：素材文件\项目六\商品每日采购价格表．xlsx），在"Sheet1"工作表中单击"公式"选项卡"定义的名称"组中的"定义名称"按钮（见图 6-3）。

图 6-3　点击选择定义名称

（2）定义最近 10 天的数据区域。打开"新建名称"对话框,在"名称"文本框中输入"采购价格",在"引用位置"文本框中输入"＝OFFSET(＄B＄2,COUNT(＄B：＄B)-10,0,10,1)",然后单击"确定"按钮,如图 6-4 所示。

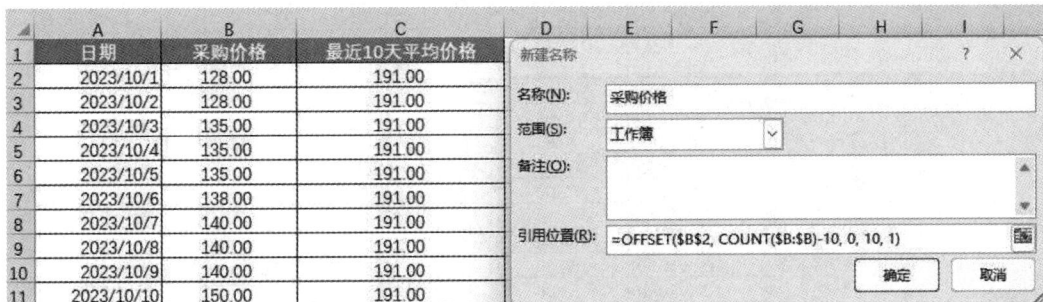

图 6-4　定义名称"采购价格"

用同样的方法操作,继续添加"日期"和"平均价格"两个名称。日期为"＝OFFSET(采购价格,0,-1,10,1)",平均价格为"＝OFFSET(采购价格,0,1,10,1)",如图 6-5 所示。

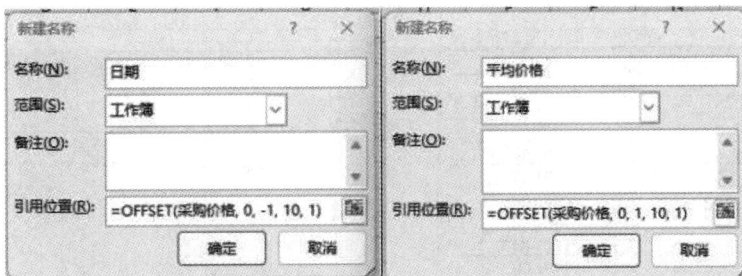

图 6-5　定义名称"平均价格"和"日期"

（3）计算"最近 10 天平均价格"列数据。选择 C2 单元格输入公式"＝AVERAGE(采购价格)",按下"Enter"键,如图 6-6 和图 6-7 所示。

图 6-6　输入公式

	A	B	C
1	日期	采购价格	最近10天平均价格
2	2023/10/1	128.00	191.00
3	2023/10/2	128.00	191.00
4	2023/10/3	135.00	191.00
5	2023/10/4	135.00	191.00
6	2023/10/5	135.00	191.00
7	2023/10/6	138.00	191.00
8	2023/10/7	140.00	191.00
9	2023/10/8	140.00	191.00
10	2023/10/9	140.00	191.00
11	2023/10/10	150.00	191.00
12	2023/10/11	152.00	191.00
13	2023/10/12	155.00	191.00
14	2023/10/13	158.00	191.00
15	2023/10/14	162.00	191.00
16	2023/10/15	158.00	191.00

图 6-7　计算结果

（4）创建带数据标记的折线图，来展示最近 10 天的商品采购价格走势。选择
A2:C11 单元格区域(10 天的数据，与目标数据源区域大小相同)，单击"插入"选项
卡"图表"组中的"带数据标记的折线图"，如图 6-8 所示。

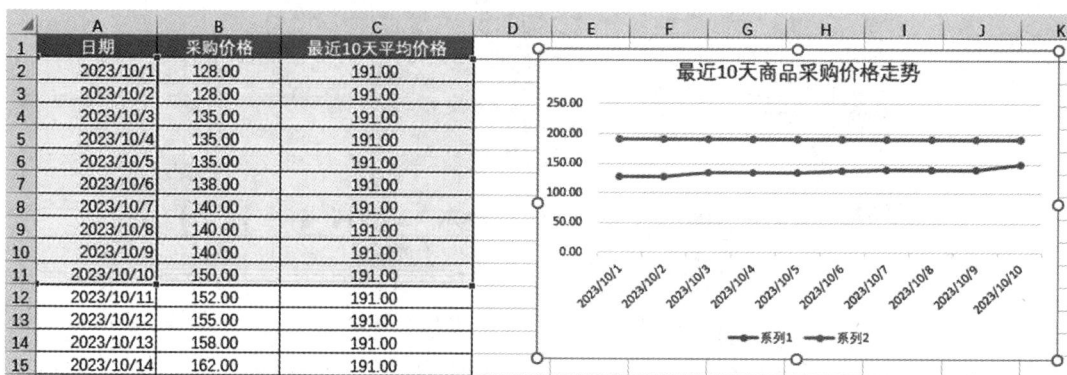

图 6-8　最近 10 天商品采购价格走势

（5）修改图表数据源。在绘制的"最近 10 天商品采购价格走势"图上，修改图表
数据源为前面定义的最近 10 天的数据区域：采购价格、日期和平均价格，如图 6-9
所示。"最近 10 天商品采购价格走势"最终效果如图 6-10 所示。

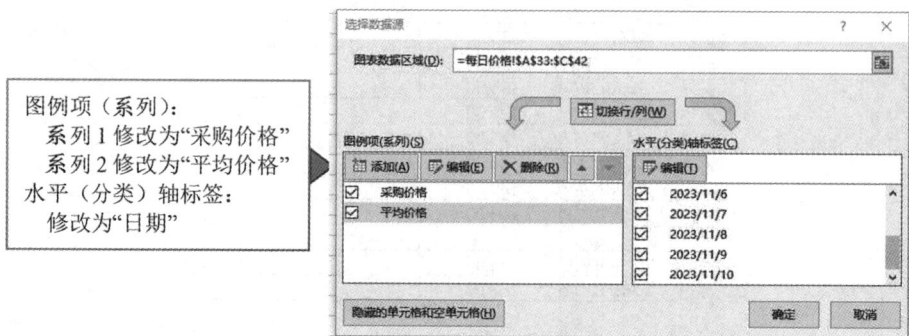

图 6-9　修改图表数据源

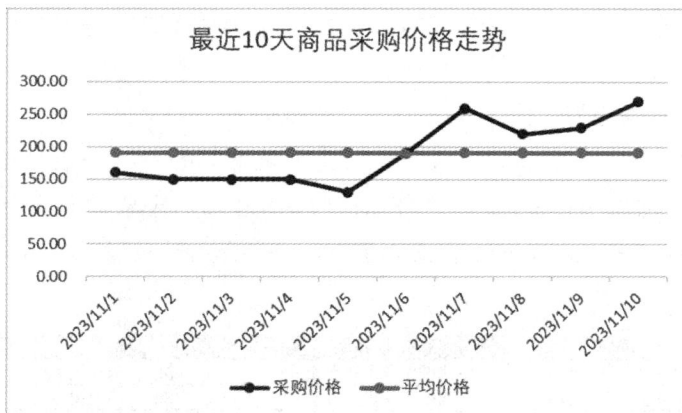

图 6-10　"最近 10 天商品采购价格走势"最终效果图

从折线图可以很直观地看出该商品最近 10 天价格走势偏高,不适合采购,此后随着每天输入新的采购价格,图表中将持续显示最近 10 天的价格数据,为商品采购提供决策依据。

二、商品采购金额和平均价格分类汇总

采购商品时,一般会按照商品类别或商品名称进行采购,对同一种商品或同一个供应商的采购金额、采购数量和平均价格进行统计分析,可以大致了解采购数据的总体情况。

二维码 6-2
商品采购金额和
平均价格分类汇总
操作视频

【例 6-2】　图 6-11 的商品采购明细表 1 中按采购日期的顺序记录了商品采购数据,下面将对商品的采购金额、采购数量等数据进行统计分析,具体操作如下。

	A	B	C	D	E	F
1	日期	商品名称	供应商	数量	单价	采购金额
2	2023/10/1	迷你电饭煲	乐乐小家电有限公司	15	66.00	
3	2023/10/1	平底煎锅	乐乐小家电有限公司	50	158.00	
4	2023/10/1	双层蒸锅	清风小家电有限公司	60	185.00	
5	2023/10/1	智能电饭煲	清风小家电有限公司	40	278.00	
6	2023/10/8	迷你电饭煲	友谊小家电有限公司	20	99.00	
7	2023/10/8	平底煎锅	乐乐小家电有限公司	10	158.00	
8	2023/10/8	智能电饭煲	清风小家电有限公司	30	278.00	
9	2023/10/15	迷你电饭煲	乐乐小家电有限公司	50	66.00	
10	2023/10/15	平底煎锅	乐乐小家电有限公司	80	158.00	
11	2023/10/15	双层蒸锅	友谊小家电有限公司	50	158.00	
12	2023/10/15	智能电饭煲	清风小家电有限公司	90	278.00	
13	2023/10/22	迷你电饭煲	乐乐小家电有限公司	50	66.00	
14	2023/10/22	平底煎锅	乐乐小家电有限公司	60	158.00	
15	2023/10/22	双层蒸锅	友谊小家电有限公司	45	158.00	
16	2023/10/22	智能电饭煲	乐乐小家电有限公司	50	298.00	
17	2023/10/29	迷你电饭煲	乐乐小家电有限公司	20	66.00	
18	2023/10/29	平底煎锅	友谊小家电有限公司	20	180.00	
19	2023/10/29	双层蒸锅	友谊小家电有限公司	40	158.00	

图 6-11　商品采购明细表 1

分析: 首先需要计算采购金额,其次按照商品名称对采购数量和采购金额进行求和汇总,最后对单价进行平均值汇总。

(1)计算采购金额。打开素材文件"商品采购明细表 1. xlsx"工作簿(素材参见:素材文件\项目六\商品采购明细表 1. xlsx),在"Sheet1"工作表中 F2 单元格输入采购金额计算公式" = D2 * E2",按"Enter"键得出采购金额。将鼠标指针移至 F2 单元格右下角的填充柄上,并向下拖动至 F19 单元格,计算结果如图 6-12 所示。

⊿	A	B	C	D	E	F
1	日期	商品名称	供应商	数量	单价	采购金额
2	2023/10/1	煮蛋器	乐乐小家电有限公司	15	66.00	= D2 * E2
3	2023/10/1	电火锅	乐乐小家电有限公司	50	158.00	7900.00
4	2023/10/1	空气炸锅	清风小家电有限公司	60	185.00	11100.00
5	2023/10/1	小型烤箱	清风小家电有限公司	40	278.00	11120.00
6	2023/10/8	煮蛋器	友谊小家电有限公司	20	99.00	1980.00
7	2023/10/8	电火锅	乐乐小家电有限公司	10	158.00	1580.00
8	2023/10/8	小型烤箱	清风小家电有限公司	30	278.00	8340.00
9	2023/10/15	煮蛋器	乐乐小家电有限公司	50	66.00	3300.00
10	2023/10/15	电火锅	乐乐小家电有限公司	80	158.00	12640.00
11	2023/10/15	空气炸锅	友谊小家电有限公司	50	158.00	7900.00
12	2023/10/15	小型烤箱	清风小家电有限公司	90	278.00	25020.00
13	2023/10/22	煮蛋器	乐乐小家电有限公司	50	66.00	3300.00
14	2023/10/22	电火锅	乐乐小家电有限公司	60	158.00	9480.00
15	2023/10/22	空气炸锅	友谊小家电有限公司	45	158.00	7110.00
16	2023/10/22	小型烤箱	乐乐小家电有限公司	50	298.00	14900.00
17	2023/10/29	煮蛋器	乐乐小家电有限公司	20	66.00	1320.00
18	2023/10/29	电火锅	友谊小家电有限公司	20	180.00	3600.00
19	2023/10/29	空气炸锅	友谊小家电有限公司	40	158.00	6320.00

图 6-12　商品采购金额计算效果

(2)按商品名称和采购金额进行排序。单击"数据"选项卡"排序和筛选"组中的"排序"按钮。添加主要关键字"商品名称"、次序"升序",次要关键字"采购金额"、次序"升序",按下"Enter"键,如图 6-13 所示。

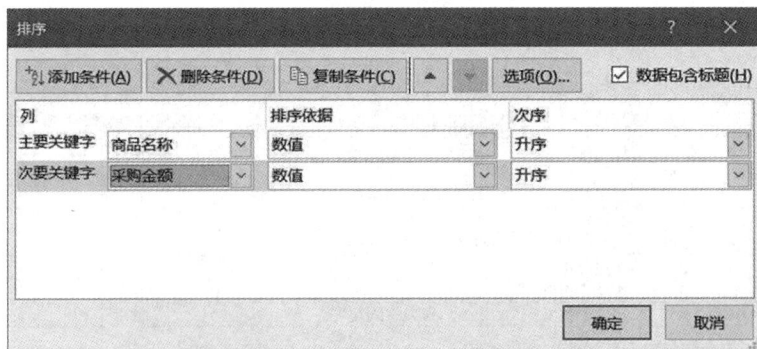

图 6-13　按商品名称和采购金额进行排序

(3)按商品名称对数量和采购金额进行求和汇总。单击"数据"选项卡"分级显示"组中的"分类汇总"按钮,如图 6-14 所示完成分类汇总设置,分类字段为"商品名称",汇总方式为"求和",选定汇总项为"数量"和"采购金额",勾选"替换当前分类汇总"和"汇总结果显示在数据下方",点击"确定"按钮。

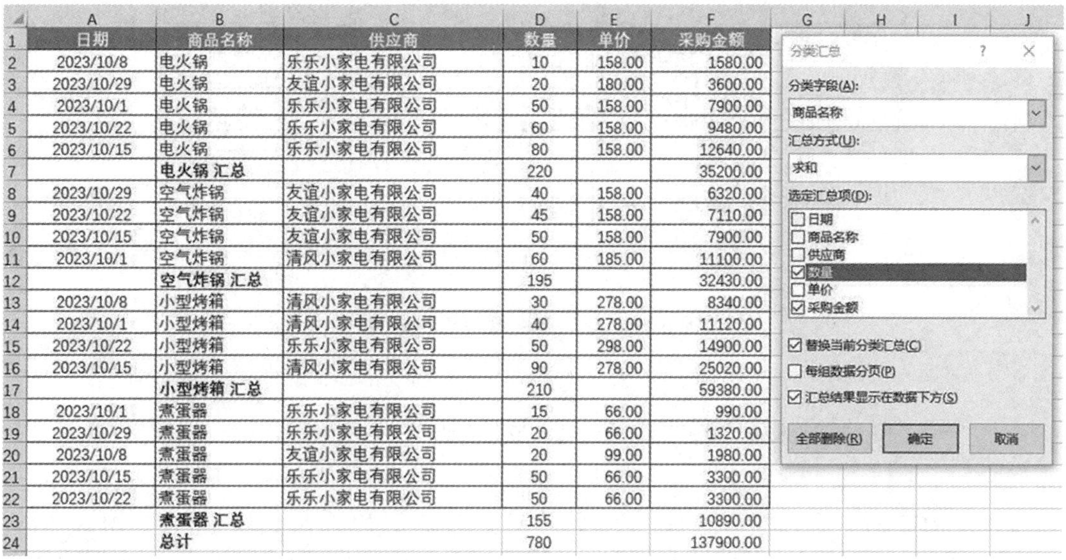

图 6-14　按商品名称对数量和采购金额进行求和汇总

（4）按商品名称对单价进行平均值汇总（多级嵌套）。再次点击"分类汇总"按钮，如图 6-15 所示完成嵌套分类汇总设置，分类字段为"商品名称"，汇总方式为"平均值"，选定汇总项为"单价"，取消勾选"替换当前分类汇总"，点击"确定"按钮。

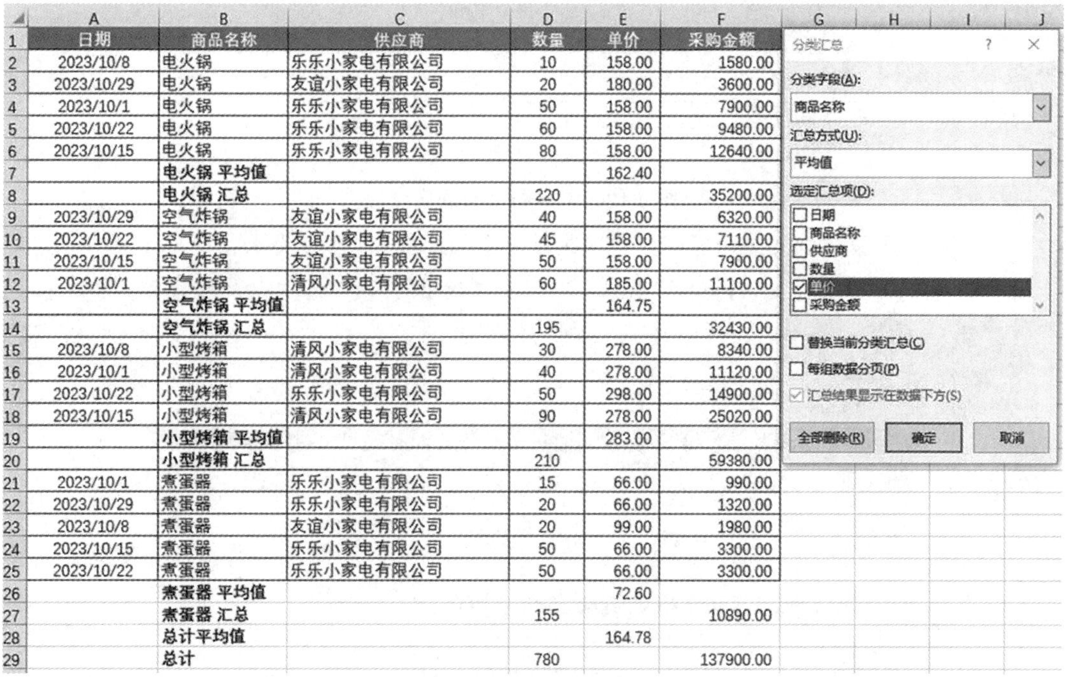

图 6-15　按商品名称对单价进行平均值汇总

（5）选择 3 级显示掩藏商品采购明细数据，只显示数量汇总、采购金额汇总和单价平均值等数据（见图 6-16）。

	A	B	C	D	E	F
1	日期	商品名称	供应商	数量	单价	采购金额
8		电火锅 平均值			162.40	
9		电火锅 汇总		220		35200.00
15		空气炸锅 平均值			164.75	
16		空气炸锅 汇总		195		32430.00
22		小型烤箱 平均值			283.00	
23		小型烤箱 汇总		210		59380.00
30		煮蛋器 平均值			72.60	
31		煮蛋器 汇总		155		10890.00
32		总计平均值				
33		总计平均值			164.78	
34		总计		780		137900.00

图 6-16　选择 3 级显示汇总数据

三、商品采购金额占比计算及分析

【例 6-3】　下面将直接使用函数计算各种商品的采购数量、采购金额，以及价格的平均值，用饼图显示不同商品采购金额的百分比，具体操作如下。

二维码 6-3
商品采购金额
占比计算操作视频

（1）打开素材文件"商品采购明细表 2.xlsx"工作簿（素材参见：素材文件\项目六\商品采购明细表 2.xlsx），创建图表数据区域 A21：E25，如图 6-17 所示。

21	商品名称	采购数量	采购金额	平均价格	采购金额占比
22	煮蛋器				
23	电火锅				
24	空气炸锅				
25	小型烤箱				

图 6-17　创建图表数据区域

其中商品名称列中的数据可以通过复制 B1：B19 区域到 A21 开始的单元格区域，然后选中 A22：A39，点击"数据"选项卡"数据工具"组中的"删除重复项"按钮，在"删除重复项警告"对话框中选中"扩展选定区域"，点击"删除重复项"按钮，操作如图 6-18 所示。

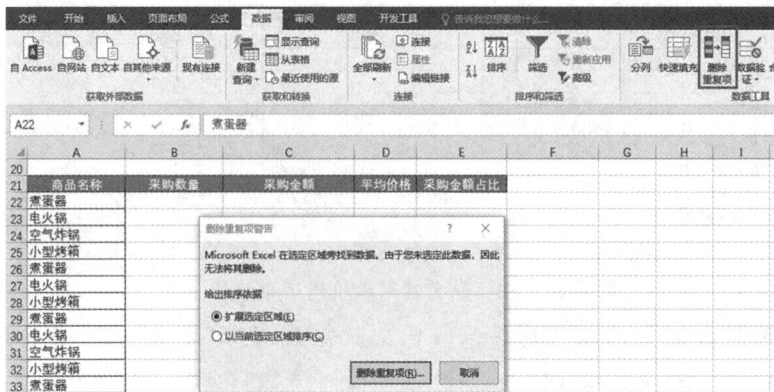

图 6-18　删除重复的商品名称

（2）计算采购数量。在 B22 单元格输入公式"＝SUMIF（＄B＄2：＄B＄19，A22，＄D＄2：＄D＄19）"，按"Enter"键，完成煮蛋器采购数量的计算，如图 6-19 所示。鼠标左键单击 B22 单元格，将鼠标指针移至 B22 单元格右下角，当出现"╋"图标时，双击鼠标左键，得到其余商品的采购数量，如图 6-20 所示。

	A	B	C	D	E	F
1	日期	商品名称	供应商	数量	单价	采购金额
2	2023/10/1	煮蛋器	乐乐小家电有限公司	15	66.00	990.00
3	2023/10/1	电火锅	乐乐小家电有限公司	50	158.00	7900.00
4	2023/10/1	空气炸箱	清风小家电有限公司	60	185.00	11100.00
5	2023/10/1	小型烤箱	清风小家电有限公司	40	278.00	11120.00
6	2023/10/8	煮蛋器	友谊小家电有限公司	20	99.00	1980.00
7	2023/10/8	电火锅	乐乐小家电有限公司	10	158.00	1580.00
8	2023/10/8	小型烤箱	清风小家电有限公司	30	278.00	8340.00
9	2023/10/15	煮蛋器	乐乐小家电有限公司	50	66.00	3300.00
10	2023/10/15	电火锅	乐乐小家电有限公司	80	158.00	12640.00
11	2023/10/15	空气炸锅	友谊小家电有限公司	50	158.00	7900.00
12	2023/10/15	小型烤箱	清风小家电有限公司	90	278.00	25020.00
13	2023/10/22	煮蛋器	乐乐小家电有限公司	50	66.00	3300.00
14	2023/10/22	电火锅	乐乐小家电有限公司	60	158.00	9480.00
15	2023/10/22	空气炸锅	友谊小家电有限公司	45	158.00	7110.00
16	2023/10/22	小型烤箱	乐乐小家电有限公司	50	298.00	14900.00
17	2023/10/29	煮蛋器	乐乐小家电有限公司	20	66.00	1320.00
18	2023/10/29	电火锅	友谊小家电有限公司	20	180.00	3600.00
19	2023/10/29	空气炸锅	友谊小家电有限公司	40	158.00	6320.00
20						
21	商品名称	采购数量	采购金额	平均价格	采购金额占比	
22	煮蛋器	=SUMIF($B$2:$B$19,A22,$D$2:$D$19)				
23	电火锅					
24	空气炸锅					
25	小型烤箱					
26						

图 6-19　煮蛋器采购数量的计算

	商品名称	采购数量	采购金额	平均价格	采购金额占比
21					
22	煮蛋器	155			
23	电火锅	220			
24	空气炸锅	195			
25	小型烤箱	210			

图 6-20　其余商品采购数量的计算

（3）计算采购金额。在 C22 单元格输入公式"＝SUMIF（＄B＄2：＄B＄19，A22，＄F＄2：＄F＄19）"，按"Enter"键，完成煮蛋器采购金额的计算，鼠标左键单击 C22 单元格，将鼠标指针移至 C22 单元格右下角，当出现"╋"图标时，双击鼠标左键，得到其余商品的采购金额，如图 6-21 所示。

	商品名称	采购数量	采购金额	平均价格	采购金额占比
21					
22	煮蛋器	155	=SUMIF($B$2:$B$19, A22, $F$2:$F$19)		
23	电火锅	220	35200		
24	空气炸锅	195	32430		
25	小型烤箱	210	59380		

图 6-21　采购金额的计算

（4）计算平均价格。在 D22 单元格输入公式"＝AVERAGEIF（＄B＄2：＄B＄19，A22，＄E＄2：＄E＄19）"，按下"Enter"键，完成煮蛋器平均价格的计算，鼠标左键单击 D22 单元格，将鼠标指针移至 D22 单元格右下角，当出现"＋"图标时，双击鼠标左键，得到其余商品的平均价格，如图 6-22 所示。

	商品名称	采购数量	采购金额	平均价格	采购金额占比
21					
22	煮蛋器	155	10890	=AVERAGEIF($B$2:$B$19, A22, $E$2:$E$19)	
23	电火锅	220	35200	162.4	
24	空气炸锅	195	32430	164.75	
25	小型烤箱	210	59380	283	

图 6-22　平均价格的计算

（5）计算采购金额占比。在 E22 单元格输入公式"＝C22/SUM（＄C＄22：＄C＄25）"，按下"Enter"键，完成煮蛋器采购金额占比的计算，鼠标左键单击 E22 单元格，将鼠标指针移至 E22 单元格右下角，当出现"＋"图标时，双击鼠标左键，得到其余商品的采购金额占比，如图 6-23 所示。

	商品名称	采购数量	采购金额	平均价格	采购金额占比
21					
22	煮蛋器	155	10890	72.6	= C22/SUM($C$22:$C$25)
23	电火锅	220	35200	162.4	26%
24	空气炸锅	195	32430	164.75	23%
25	小型烤箱	210	59380	283	43%

图 6-23　采购金额占比的计算

（6）利用饼图对采购金额占比进行分析。选择"商品名称"和"采购金额占比"列，即先选中 A21：A25 单元格区域，按住 Ctrl 键的同时选中 E21：E25 单元格区域，插入一个"三维饼图"，如图 6-24 所示，可以看出小型烤箱采购金额占比最大，煮蛋器采购金额占比最小。

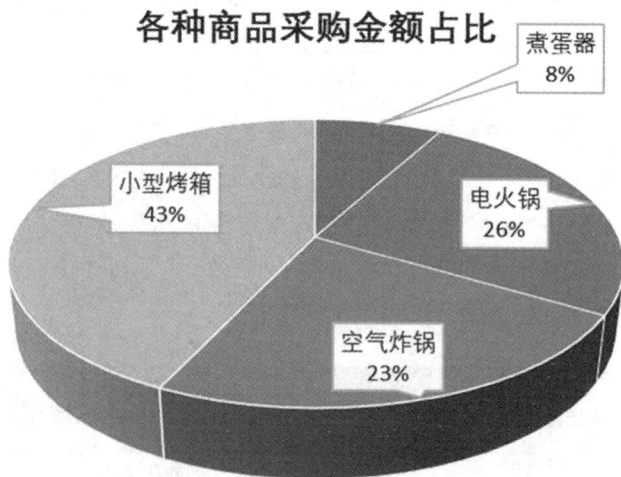

图 6-24　各种商品采购金额占比

四、知识拓展

现如今,企业面临国际国内日益激烈的竞争,商品生命周期逐渐缩短,消费者的商品需求越来越多样化,商品的技术层次也不断提升,因此控制采购成本对一个企业的经营业绩至关重要。研究表明,采购成本每降低1%,可以使企业利润提高5%~10%。随着采购资金占平均销售金额的比重逐年攀升,降低采购成本既是企业挖掘"第二利润源泉"的关键路径,也是维护第一利润基础的重要保障。

如何降低成本是企业首先要解决的问题。现代企业采购管理,是面向市场按质、按量、按时,并以尽可能低的成本采购企业所需的各种物资,通过采用科学有效的管理方法,合理安排购进物资及适量调节库存,从而最大化地降低采购成本。降低采购成本,是采购人员提供企业附加值最直接的方式。

任务三　根据生命周期控制商品采购量

一、根据搜索指数分析商品生命周期

搜索指数是用户搜索相关商品关键词热度的数据化体现,反映了用户对该商品的关注度和兴趣度,其数值波动也能从侧面反映出商品的市场热度周期变化。通过分析搜索指数,可以直观地了解到商品的生命周期。

二维码 6-4
根据搜索指数
分析商品生命周期
操作视频

商品生命周期,又称产品生命周期,是指商品从投入市场到更新换代再到退出市场所经历的全过程。典型的商品生命周期一般分为4个阶段。

导入期:新商品投入市场。

成长期:顾客逐步熟悉商品。

成熟期:商品销售量达到高峰。

衰退期:新的替代品出现。

【例 6-4】　图 6-25 的"商品搜索指数"工作表中按顺序记录了某种商品的每日搜索指数,通过折线图可以直观地分析该商品的搜索指数数据,查看该商品生命周期各个阶段的搜索量变化趋势。

(1)打开素材文件"商品搜索指数表.xlsx"工作簿(素材参见:素材文件\项目六\商品搜索指数表.xlsx),在"商品搜索指数"工作表中选择 A1:B93 单元格区域,插入"折线图",如图 6-26 所示。

图 6-25　商品搜索指数

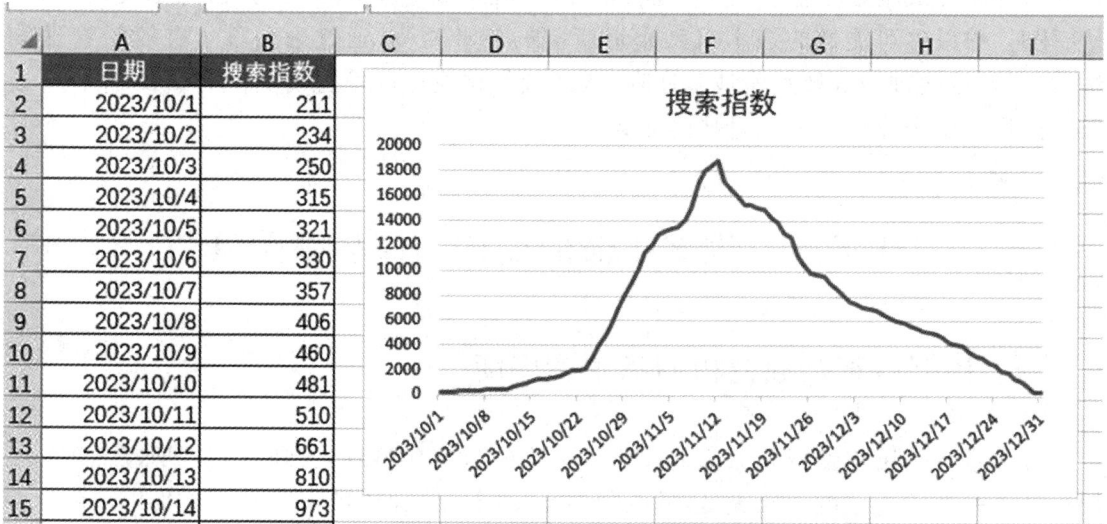

图 6-26　商品搜索指数折线图

（2）美化图表。修改图表标题，将横坐标轴修改为 15 天间隔，插入直线和文字说明以标识不同阶段的效果，如图 6-27 所示。

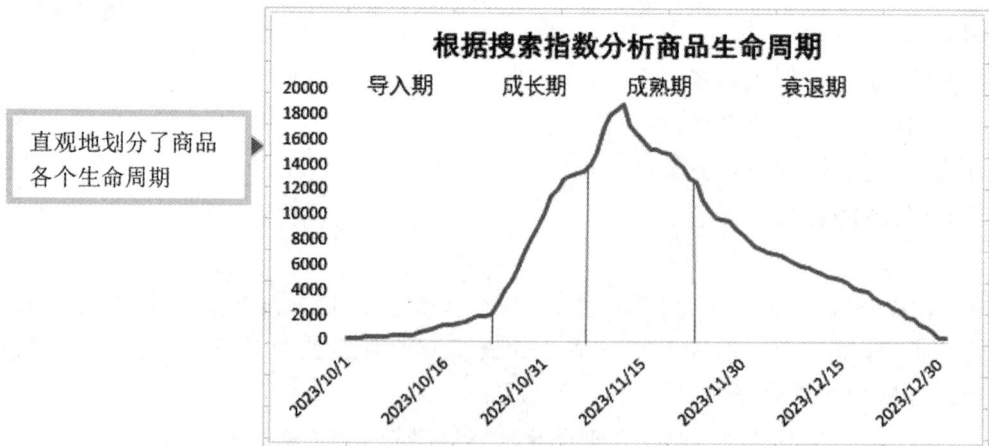

图 6-27　美化后的商品搜索指数折线图

二、根据成交量分析商品生命周期

除了搜索指数,商家还可以根据商品的成交量来分析商品生命周期。根据成交量分析商品生命周期的分析方法与搜索指数分析方法基本一致,但在这里需要将两个系列(成交量和利润)展示在同一个图表中。

成交量是指一种商品在某天成交的数量。一般来说,成交量和利润是正相关关系,成交量越大,利润越高。商品成交量的数值波动也能从侧面反映出商品的市场热度周期变化,通过分析成交量和利润情况,可以直观地了解商品生命周期的变化状况。

二维码 6-5
根据成交量分析
商品生命周期
操作视频

【例 6-5】　图 6-28 的商品成交量和利润表中,按顺序记录了某种商品的每日成交量和利润情况,通过组合图可以分析该商品生命周期各个阶段成交量和利润的关系,具体操作如下。

周期阶段	日期	成交量	利润
	2023/10/1	0	0
	2023/10/2	0	0
	2023/10/3	1	10
	2023/10/4	4	40
导入期	2023/10/5	6	60
	2023/10/6	10	100
	2023/10/7	30	300
	2023/10/8	40	320
	2023/10/9	60	480
	2023/10/10	100	800
	2023/10/11	130	1050
成长期	2023/10/12	140	1120
	2023/10/13	150	1200

图 6-28　商品成交量和利润表

(1)创建组合图。打开素材文件"商品成交量和利润表.xlsx"工作簿(素材参见:素材文件\项目六\商品成交量和利润表.xlsx),在"商品成交量"工作表中选择 A1:D32 单元格数据,单击"插入"选项卡"图表"组中的"组合图",插入"簇状柱形图-次坐标轴上的折线图",最终效果如图 6-29 所示。

(2)下一步:美化图表。添加图表标题、数据标签,设置平滑线,最终效果如图 6-30 所示。

通过组合图可以比较商品生命周期各个阶段的成交量和利润之间的关系,从而对商品采购数量进行辅助决策,如导入期少量采购商品,成长期适当增加采购数量,成熟期可大量采购商品,衰退期则减少采购量或者不采购。

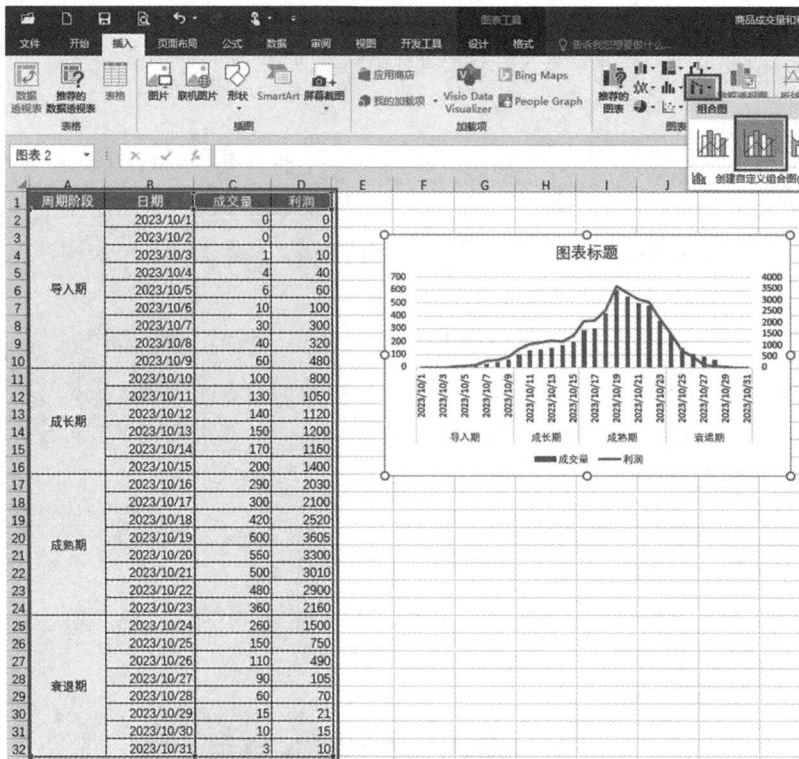

图 6-29 创建组合图

图 6-30 商品成交量和利润组合图

♻ 新手提升

商品采购金额预测的技巧

为了提前做好采购相关准备工作,商家通常需要根据以往的采购数据,对未来一段时间内(下个月、季度或年度)的采购金额进行预测或规划。

移动平均法是比较常用的一种预测方法，它是根据时间序列数据，逐项推移，以此计算包含一定项数的序时平均值，从而反映长期趋势。Excel 中的移动平均工具是加载项，需要调用才能使用，具体方法如下。

单击"文件"选项卡，在下拉列表中选择"选项"栏，在"Excel 选项"对话框的左侧选择"加载项"选项卡，在右侧的"管理"下拉列表中选择"Excel 加载项"选项，单击"转到"按钮，打开"加载宏"对话框，在"可用加载宏"列表框中勾选"分析工具库"复选框，单击"确定"按钮。此时返回 Excel 工作表界面，切换到"数据"选项卡，在"分析"组中就能看到添加的"数据分析"按钮了。

利用已有的商品采购金额统计数据，可以预测下一个时段的商品采购金额，便于后续采购资金的准备和规划。

图 6-31 的采购金额预测工作表中，按顺序记录了某年 1 月至 12 月的商品采购金额，要求采用移动平均法预测下一年度 1 月的商品采购金额。

	A	B	C	D
1	月份	采购金额	增长率	移动平均值
2	1月	¥225,300		
3	2月	¥197,100		
4	3月	¥249,300		
5	4月	¥265,300		
6	5月	¥353,300		
7	6月	¥296,300		
8	7月	¥314,500		
9	8月	¥512,600		
10	9月	¥454,300		
11	10月	¥363,500		
12	11月	¥634,800		
13	12月	¥592,800		
14				
15	下一年度1月的商品采购金额预测值			

图 6-31　采购金额预测工作表

（1）计算每个月的增长率（见图 6-32）。

由于 1 月之前没有数据可以进行计算，1 月就没有增长率。2 月的计算公式为"=(B3－B2)/B2"

	A	B	C	D
1	月份	采购金额	增长率	移动平均值
2	1月	¥225,300		
3	2月	¥197,100	=(B3-B2)/B2	
4	3月	¥249,300	26%	
5	4月	¥265,300	6%	
6	5月	¥353,300	33%	
7	6月	¥296,300	-16%	
8	7月	¥314,500	6%	
9	8月	¥512,600	63%	
10	9月	¥454,300	-11%	
11	10月	¥363,500	-20%	
12	11月	¥634,800	75%	
13	12月	¥592,800	-7%	
14				
15	预测下一年度1月的商品采购金额			

图 6-32　增长率计算

（2）加载 Excel 的分析工具库（见图 6-33）。

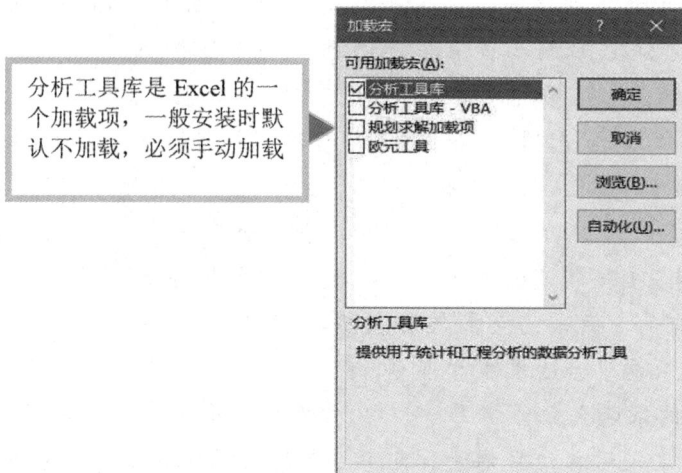

分析工具库是 Excel 的一个加载项，一般安装时默认不加载，必须手动加载

图 6-33　加载 Excel 的分析工具库

（3）利用数据分析工具计算移动平均值（见图 6-34）。

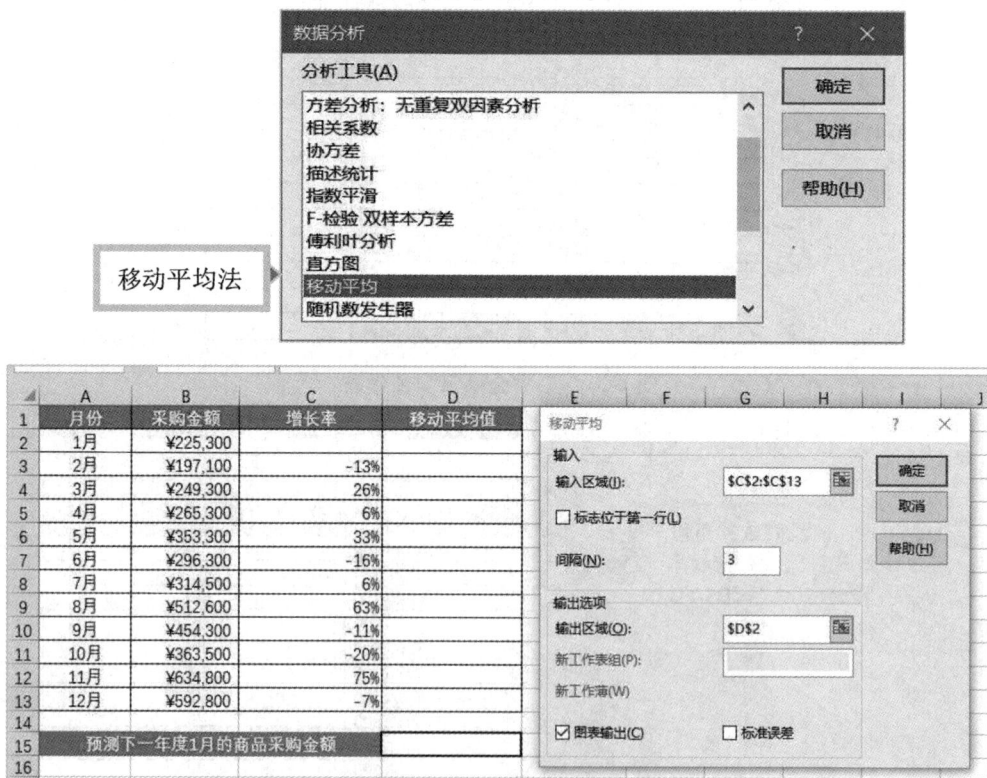

移动平均法

	A	B	C	D
1	月份	采购金额	增长率	移动平均值
2	1月	¥225,300		
3	2月	¥197,100	-13%	
4	3月	¥249,300	26%	
5	4月	¥265,300	6%	
6	5月	¥353,300	33%	
7	6月	¥296,300	-16%	
8	7月	¥314,500	6%	
9	8月	¥512,600	63%	
10	9月	¥454,300	-11%	
11	10月	¥363,500	-20%	
12	11月	¥634,800	75%	
13	12月	¥592,800	-7%	
14				
15	预测下一年度1月的商品采购金额			
16				

图 6-34　利用数据分析工具计算移动平均值

"移动平均"对话框中"间隔"项数值为 3，表示每个移动平均值都是针对前 3 个数据的平均值，例如 D4 是 C2、C3、C4 单元格的平均值，D5 是 C3、C4、C5 单元格的平均值。计算结果如图 6-35 所示。

	A	B	C	D
1	月份	采购金额	增长率	移动平均值
2	1月	¥225,300		#N/A
3	2月	¥197,100	-13%	#N/A
4	3月	¥249,300	26%	7%
5	4月	¥265,300	6%	7%
6	5月	¥353,300	33%	22%
7	6月	¥296,300	-16%	8%
8	7月	¥314,500	6%	8%
9	8月	¥512,600	63%	18%
10	9月	¥454,300	-11%	19%
11	10月	¥363,500	-20%	11%
12	11月	¥634,800	75%	14%
13	12月	¥592,800	-7%	16%
14				
15	预测下一年度1月的商品采购金额			

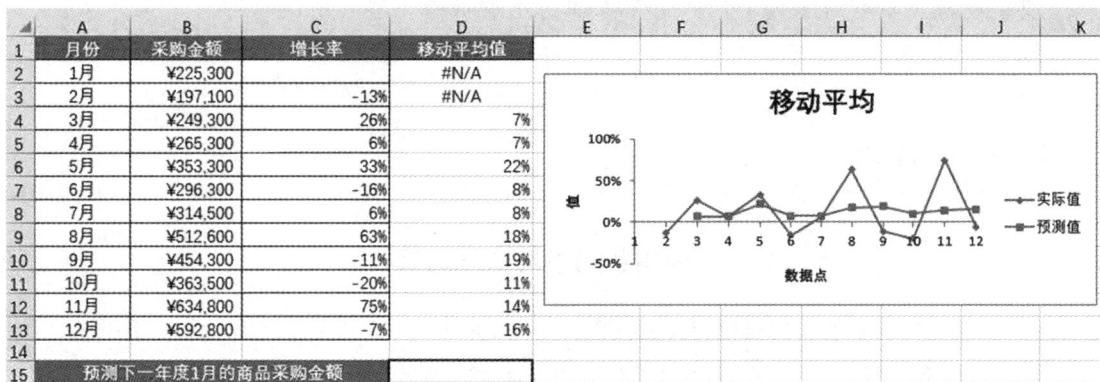

图 6-35　移动平均计算结果

（4）计算预测值（见图 6-36）。预测结果为企业后续进行采购资金的准备和规划提供了依据。

下一年度 1 月的商品采购金额为"=B13*D13+B13"

	A	B	C	D
1	月份	采购金额	增长率	移动平均值
2	1月	¥225,300		#N/A
3	2月	¥197,100	-13%	#N/A
4	3月	¥249,300	26%	7%
5	4月	¥265,300	6%	7%
6	5月	¥353,300	33%	22%
7	6月	¥296,300	-16%	8%
8	7月	¥314,500	6%	8%
9	8月	¥512,600	63%	18%
10	9月	¥454,300	-11%	19%
11	10月	¥363,500	-20%	11%
12	11月	¥634,800	75%	14%
13	12月	¥592,800	-7%	16%
14				
15	预测下一年度1月的商品采购金额			¥687,712.10

图 6-36　计算预测值

课程思政

坚持实事求是

　　坚持实事求是，必须坚持一切从实际出发，了解并掌握实际情况。坚持实事求是的基础在于"实事"，即做事情要从客观实际出发；坚持实事求是的关键在于"求是"，即做事情要善于从实践中积累经验，升华理论，并用升华后的理论指导实践，再在实践中检验、修正和发展理论。将实事求是的原则用于店铺经营中，就是运营者要善于探索和发现店铺运营的实际情况，从实际情况中不断总结经验和教训，再运用这些经验和教训调整与优化运营策略，通过科学的管理手段与持续优化策略,全面提升店铺的运营效率与业绩水平。

🔒 课后巩固

实训:使用移动平均法预测采购量

打开"2024 年采购量预测.xlsx"工作簿,如图 6-37 所示。根据近几年采购量数据,使用移动平均法预测 2024 年的采购量。

	A	B	C
1	XX采购量预测		
2	年份	采购量	采购量增长率
3	2016	8200	15.00%
4	2017	8900	
5	2018	10700	
6	2019	14300	
7	2020	15950	
8	2021	17980	
9	2022	20260	
10	2023	21920	
11			
12	2024年采购量预测:		

图 6-37　2024 年采购量预测

(1)计算采购量增长率。

(2)加载"移动平均"分析工具。

(3)输出采购增长率的移动平均值,使用移动平均值预测采购量。

项目七　销售数据分析

在大数据时代，营销人员可以通过分析销售数据，找到解决问题的方法，不断提升网络营销的效果，降低营销成本。本项目主要介绍如何对产品销售数据进行分析，包括产品生命周期的分析、畅/滞销产品的分析和整体销售数据的分析等。这些数据信息是研究行业营销规律，制订订货、补货和促销计划，调整经营措施的基本依据。

学习目标

- 掌握单款产品销售生命周期分析的方法。
- 掌握产品畅/滞销款分析的方法。
- 掌握多店铺销售数据分析的方法。
- 掌握历年销售数据分析的方法。

素养目标

- 认识到销售数据在业务决策中的重要性。
- 能够使用工具对销售数据进行有效的处理和分析。
- 培养以数据为基础进行决策的思维方式。

任务一　单款产品销售生命周期分析

单款产品销售生命周期分析主要针对部分订货量和库存量较多的单品，通过分析来判断产品是否缺货或存在库存压力，从而及时调整营销计划。

图7-1为单款产品销售生命周期分析的最终效果图，通过折线图可以直观地看出2023年8月4日至6日以及10日至13日两个时间段是

二维码7-1
单款产品销售
生命周期分析
操作视频

该产品的销售高峰期,而这两个时间段前后几天的销售量则有较大的落差。营销人员需要明确该产品的特点,并根据产品的销售趋势,对照近期的市场情况来分析产品销量下滑的原因,避免造成更大的损失。

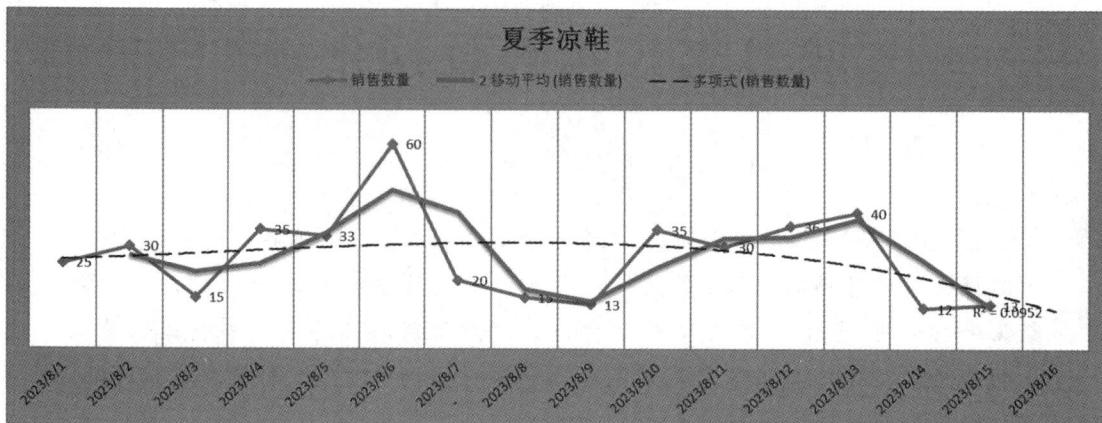

图 7-1　单款产品销售生命周期分析的最终效果

一、计算单款产品每日销售额

【例 7-1】　下面将对该产品每日的销售金额进行计算,并通过折线图来分析产品近半个月的销售情况。该实例涉及的知识点有公式的使用、折线图的插入与分析等。

(1)打开素材文件"单款产品销售生命周期分析. xlsx"工作簿(素材参见:素材文件\项目七\单款产品销售生命周期分析. xlsx),在"Sheet1"工作表中选择 D3 单元格,然后单击编辑栏,输入运算符"="。

(2)保持编辑栏的编辑状态,选择工作表中的 B3 单元格,然后输入运算符"*",继续单击工作表中的 C3 单元格,如图 7-2 所示,完成公式的输入。

图 7-2　选择引用单元格

(3)确认输入的公式无误后,按"Enter"键即可得到计算结果。

(4)重新选择 D3 单元格,将鼠标指针定位至填充柄上,长按鼠标左键向下拖动,拖动到 D17 单元格后释放鼠标完成公式的复制,如图 7-3 所示。

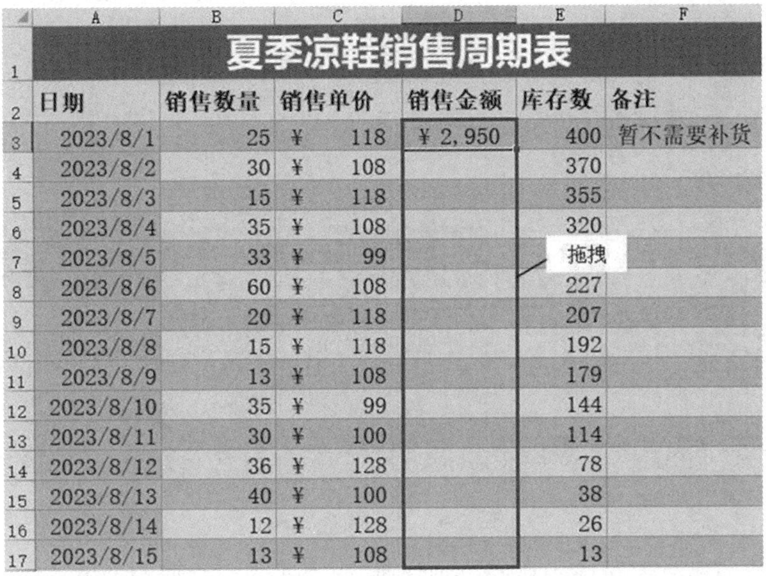

夏季凉鞋销售周期表					
日期	销售数量	销售单价	销售金额	库存数	备注
2023/8/1	25	¥ 118	¥ 2,950	400	暂不需要补货
2023/8/2	30	¥ 108		370	
2023/8/3	15	¥ 118		355	
2023/8/4	35	¥ 108		320	
2023/8/5	33	¥ 99			
2023/8/6	60	¥ 108		227	
2023/8/7	20	¥ 118		207	
2023/8/8	15	¥ 118		192	
2023/8/9	13	¥ 108		179	
2023/8/10	35	¥ 99		144	
2023/8/11	30	¥ 100		114	
2023/8/12	36	¥ 128		78	
2023/8/13	40	¥ 100		38	
2023/8/14	12	¥ 128		26	
2023/8/15	13	¥ 108		13	

图 7-3　复制公式

二、判断单款产品的销售生命周期

单款产品的销售生命周期是指单款产品销售的总时间跨度及该时间段的销售状况(一般是指正价销售期),同时,还可以根据销售走势判断该产品是否具有销售潜力。如果有销售潜力,则可以结合已有的库存量进行适当补货,从而减少缺货损失。

【例 7-2】　下面将利用折线图来判断单款产品的销售生命周期,具体操作如下。

(1)打开素材文件"单款产品销售生命周期分析.xlsx"工作簿,在"Sheet1"工作表中选择 A2:B17 单元格区域,在"插入"选项卡的"图表"组中单击"折线图"按钮,在打开的下拉列表中选择"二维折线图"栏中的"带数据标记的折线图"选项。

(2)此时,工作表中将显示插入的折线图。保持插入图表的选择状态,在"图表工具—设计"选项卡的"图表布局"组中选择"快速布局"的"布局 2"选项,如图 7-4 所示。

(3)选择图表标题,将标题名称更改为"夏季凉鞋"。

(4)选择图表区,在"图表工具—格式"选项卡的"大小"组中,依次在"高度"和"宽度"数值框中输入"7 厘米"和"21 厘米",如图 7-5 所示。

(5)将鼠标指针定位至图表区,然后按住鼠标左键不放,拖动图表使其左上角与

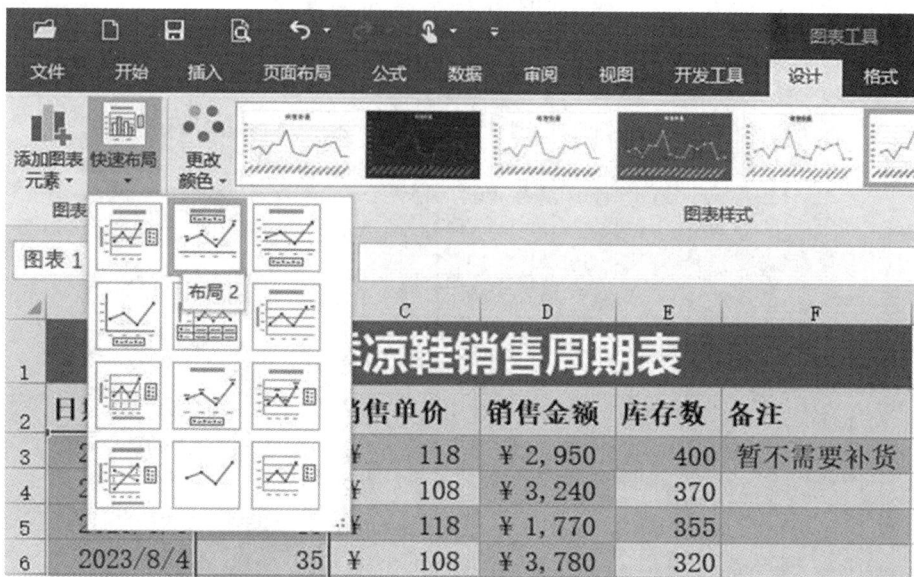

图 7-4　更改图表布局

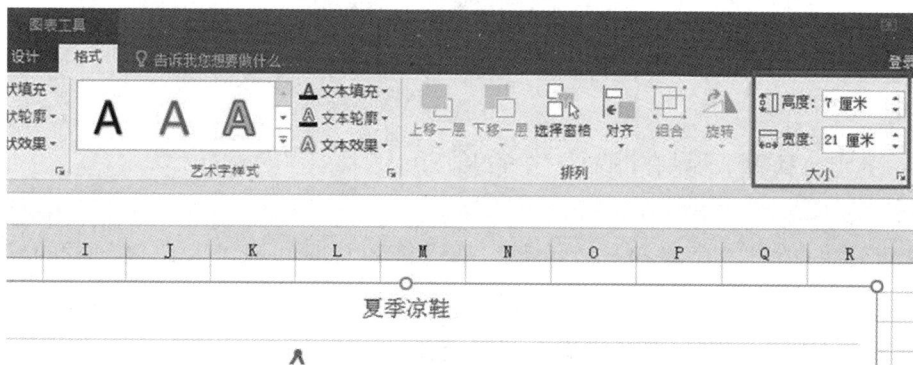

图 7-5　设置图表的高度和宽度

A19 单元格对齐,释放鼠标完成对图表的移动操作。

(6)保持图表的选择状态,点击图表区右上角"图表元素"按钮,在打开的下拉列表中选择"趋势线"选项,然后在子列表中选择"双周期移动平均",如图 7-6 所示。

(7)选择"系列'销售数量'趋势线 1"图表元素,在"图表工具—格式"选项卡"形状样式"组的"快速样式"列表中选择"粗线,强调颜色 2"选项。

(8)重新选择图表区,点击右上角"图表元素"按钮,在打开的下拉列表中选择"趋势线"选项,然后在子列表中选择"线性"选项。

(9)选择"系列'销售数量'趋势线 2"图表元素,然后在"图表工具—格式"选项卡的"当前所选内容"组中单击"设置所选内容格式"按钮。

(10)打开"设置趋势线格式"对话框,在"趋势线选项"栏中选择"多项式"单选项,并在右侧的"顺序"数值框中输入"3",然后单击选中"显示 R 平方值"复选框,如图 7-7 所示。

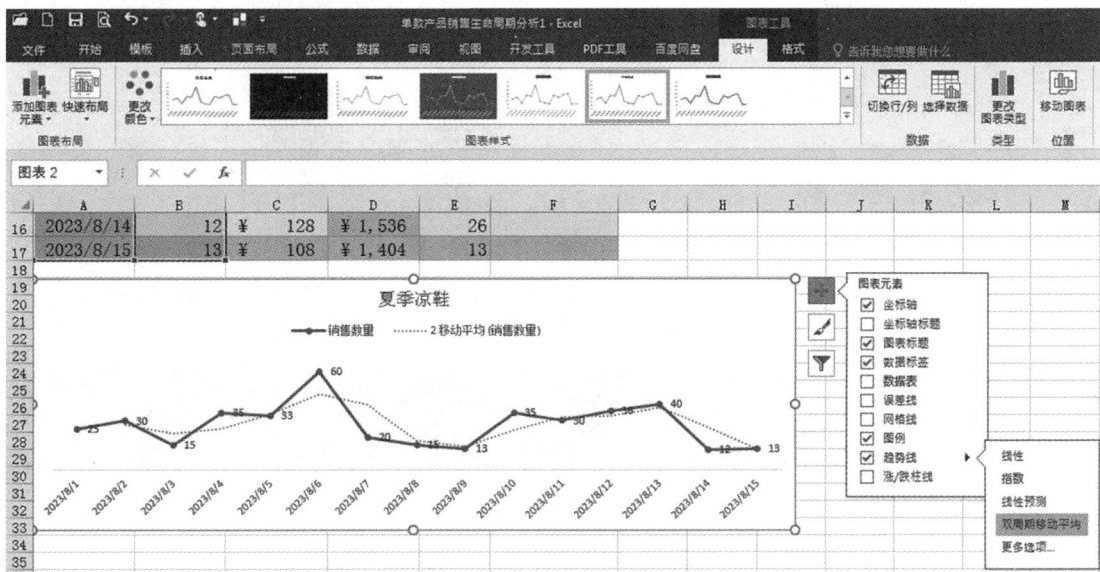

图 7-6 添加趋势线

(11)单击"线条"选项卡,在"宽度"数值框中输入"1.5 磅",然后单击"短划线类型"按钮,在打开的下拉列表中选择"长划线"选项,最后单击"关闭"按钮,如图 7-8 所示。

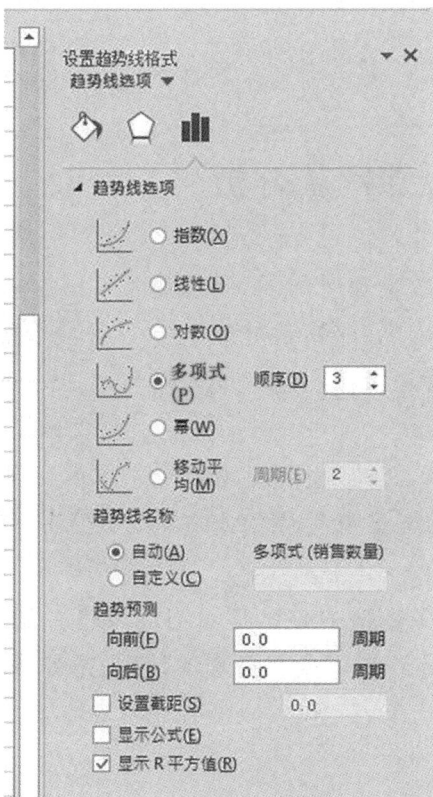

图 7-7 设置趋势线选项

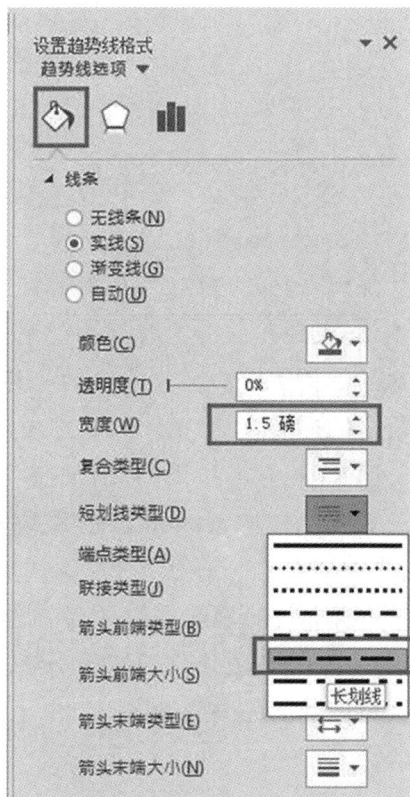

图 7-8 设置趋势线线形

（12）选择图表区，在"图表工具—格式"选项卡的"形状样式"组中单击"形状填充"按钮，在打开的下拉列表中选择"其他填充颜色"选项。

（13）打开"颜色"对话框，单击"自定义"选项卡，在"颜色模式"下拉列表中选择"RGB"选项，在"红色""绿色""蓝色"数值框中依次输入"30""175"和"178"，然后单击"确定"按钮。

（14）返回 Excel 工作界面，即可查看对图表区填充自定义颜色后的效果，如图 7-9 所示（效果参见：效果文件\项目七\单款产品销售生命周期分析.xlsx）。

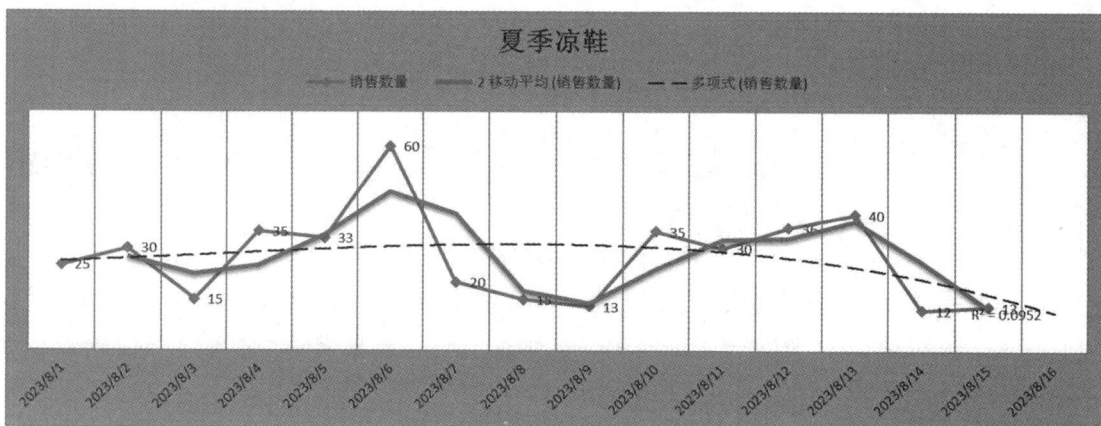

图 7-9 填充颜色后的最终效果

任务二 产品畅/滞销款分析

任何一种销售形式，其本质都是产品销售数量和时间的赛跑，简单地说，就是在最短的时间内销售最多的产品。畅/滞销款分析是店铺产品销售数据中十分重要的分析项。畅销款是指在一定时间内销量较高的产品，而滞销款则与之相反。

图 7-10 为产品畅/滞销款分析的最终效果图，通过该图可以清晰地看出当前滞销的产品有哪些，有哪些产品需要及时补货或进行促销，是否存在库存压力，等等。

下面首先计算各产品的库销比，其次利用条件格式突出显示当前月份中的滞销产品，最后利用饼图来分析库存金额。该实例涉及的知识点有公式的使用、条件格式的应用及饼图的插入与编辑等。

二维码 7-2
产品畅/滞销款
分析操作视频

序号	产品名称	入库数	出库数	销售数	期末数	平均进价	库存金额	库销比	滞销天数
2	游泳衣	300	123	102	198	¥ 118	¥ 23,364	1.94	
5	脚蹼	650	152	120	530	¥ 99	¥ 52,470	4.42	
8	足球鞋	265	20	15	250	¥ 128	¥ 32,000	16.67	
9	篮球鞋	563	110	65	498	¥ 188	¥ 93,624	7.66	
10	篮球服	230	120	85	145	¥ 189	¥ 27,405	1.71	
12	网球服	230	36	30	200	¥ 288	¥ 57,600	6.67	
14	跑步鞋	365	200	152	213	¥ 158	¥ 33,654	1.40	
15	瑜伽服	230	36	30	200	¥ 168	¥ 33,600	6.67	
17	登山杖	230	102	85	145	¥ 228	¥ 33,060	1.71	
18	登山鞋	215	22	10	205	¥ 208	¥ 42,640	20.50	

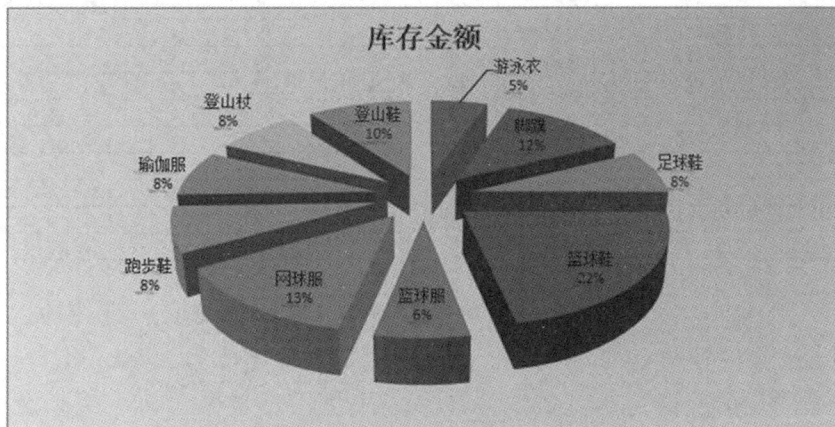

图 7-10　产品畅/滞销款分析的最终效果

一、使用公式计算库销比

库销比是指库存量与销售额的比率,是检测库存量是否合理的指标。月库销比的计算公式为:月库销比＝月末库存量/月销售量。

【例 7-3】　下面将利用公式计算"产品畅/滞销款分析.xlsx"工作簿中的库销比,具体操作如下。

(1)打开素材文件"产品畅/滞销款分析.xlsx"工作簿(素材参见:素材文件\项目七\产品畅/滞销款分析.xlsx),在"Sheet1"工作表中选择 I3 单元格,然后在编辑栏中输入公式"＝F3/E3"。

(2)确认输入的公式无误后,按"Enter"键查看计算结果。

(3)重新选择 I3 单元格,拖动该单元格右下角的填充柄,直至 I20 单元格后释放鼠标,进行公式的复制操作。

(4)此时,I20 单元格由于复制公式的原因无下框线。选择 I20 单元格,在"开始"选项卡的"字体"组中单击"框线"下拉按钮,在打开的下拉列表中选择"边框"栏中的"下框线"选项,如图 7-11 所示。

图 7-11　为单元格添加边框

二、突出显示滞销产品

滞销产品对店铺的经营效益有着至关重要的影响。一旦发现有滞销产品,店铺经营者应及时采取措施,可针对该产品选择打折、减价或"减价＋赠品"等方式来促进销售。

【例 7-4】　下面将通过条件格式来分析表格中是否存在滞销产品,具体操作如下。

(1)打开素材文件"产品畅/滞销款分析. xlsx"工作簿,在"Sheet1"工作表中选择 J3:J20 单元格区域,然后单击"开始"选项卡"样式"组中的"条件格式"按钮,在打开的下拉列表中选择"新建规则"选项。

(2)打开"新建格式规则"对话框,在"选择规则类型"栏中选择"基于各自值设置所有单元格的格式"选项,在"编辑规则说明"栏的"格式样式"下拉列表中选择"数据条"选项,并单击选中右侧的"仅显示数据条"复选框。

(3)在"最小值"对应的"类型"下拉列表中选择"数字"选项,并在其下的"值"数值框中输入"1"。按照相同的操作方法,将"最大值"对应的"类型"和"值"分别设置为"数字"和"21"。

(4)在"条形图外观"栏中将填充颜色设置为"标准色"栏中的"红色",然后单击"边框"下拉按钮,在打开的下拉列表中选择"实心边框"选项,将边框颜色也设置为"标准色"栏中的"红色",最后单击"确定"按钮,如图 7-12。

图 7-12　设置条形图外观

（5）返回 Excel 工作界面，即可看到应用条件格式后的单元格区域，如图 7-13 所示。该区域中较长的红色数据条就表示对应的产品不是很畅销，有滞销的迹象。

2023年7月畅滞产品分析表

序号	产品名称	入库数	出库数	销售数	期末数	平均进价	库存金额	库销比	滞销天数
1	游泳裤	200	100	80	120	¥ 98	¥ 11,760	1.50	
2	游泳衣	300	123	102	198	¥ 118	¥ 23,364	1.94	
3	泳镜	256	102	25	231	¥ 68	¥ 15,708	9.24	
4	泳帽	325	320	253	72	¥ 58	¥ 4,176	0.28	
5	脚蹼	650	152	120	530	¥ 99	¥ 52,470	4.42	
6	沙滩鞋	100	53	35	65	¥ 108	¥ 7,020	1.86	
7	拖鞋	235	31	20	215	¥ 68	¥ 14,620	10.75	
8	足球鞋	265	20	15	250	¥ 128	¥ 32,000	16.67	
9	篮球鞋	563	110	65	498	¥ 188	¥ 93,624	7.66	
10	篮球服	230	120	85	145	¥ 189	¥ 27,405	1.71	
11	网球鞋	102	35	20	82	¥ 208	¥ 17,056	4.10	
12	网球服	230	36	30	200	¥ 288	¥ 57,600	6.67	
13	足球服	152	14	10	142	¥ 128	¥ 18,176	14.20	
14	跑步鞋	365	200	152	213	¥ 158	¥ 33,654	1.40	
15	瑜伽服	230	36	30	200	¥ 168	¥ 33,600	6.67	
16	瑜伽垫	153	55	25	128	¥ 108	¥ 13,824	5.12	
17	登山杖	230	102	85	145	¥ 228	¥ 33,060	1.71	
18	登山鞋	215	22	10	205	¥ 208	¥ 42,640	20.50	

图 7-13　应用条件格式后的效果

三、创建饼图查看库存金额

库存金额过大将会占用大量的资金,进而影响到店铺正常的资金周转。对于库存金额较大的产品,营销人员要及时采取措施,根据市场行情进行合理调整,尽可能实现零库存管理。

【例 7-5】 下面将通过制作饼图来查看当前产品的库存金额,具体操作如下。

(1)打开素材文件"产品畅/滞销款分析.xlsx"工作薄,选择"Sheet1"工作表中包含数据的任意一个单元格,这里选择 D8 单元格,然后在"数据"选项卡的"排序和筛选"组中单击"筛选"按钮。

(2)此时,工作表中的数据将呈筛选状态。单击"库存金额"列右侧的下拉按钮,在打开的下拉列表中选择"数字筛选"选项,再在打开的子列表中选择"前 10 项"选项。

(3)打开"自动筛选前 10 个"对话框,保持对话框中所有设置不变,单击"确定"按钮。

(4)选择 B2:B20 单元格区域,按住"Ctrl"键的同时加选 H2:H20 单元格区域,然后单击"插入"选项卡"图表"组中的"饼图"按钮,在打开的下拉列表中选择"三维饼图"栏中的"分离型三维饼图"选项。

(5)将插入一个饼图,保持图表的选择状态,单击"图表工具—设计"选项卡"图表布局"组中"添加图表元素"按钮,在打开的下拉列表中单击"数据标签"按钮,在打开的子列表中选择"其他数据标签选项"选项。

(6)打开"设置数据标签格式"对话框,单击"标签选项"选项卡,在"标签包括"栏中单击选中"类别名称"和"百分比"复选框,在"标签位置"栏中单击选择"最佳匹配"单选项,然后单击"关闭"按钮。

(7)此时,图表中将显示添加的标签信息。选择图表中的图例元素,然后按"Delete"键删除。

(8)在"图表工具—格式"选项卡的"大小"组中,将图表的高度和宽度分别设置为"9.67 厘米"和"18.68 厘米",然后拖动图表,使其左上角与工作表中的 C22 单元格对齐。

(9)选择"系列'库存金额'数据标签"图表元素,然后单击"图表工具—格式"选项卡"艺术字样式"组中的"文字效果"按钮,在打开的下拉列表中选择"阴影"选项,再在打开的子列表中选择"透视"栏中的"透视:左上"选项。

(10)选择图表区,在"图表工具—格式"选项卡的"形状样式"组中单击"形状填充"按钮,在打开的下拉列表中选择"渐变"选项,再在打开的子列表中选择"浅色变体"栏中的"从右上角"选项。

(11)返回 Excel 工作界面,数据标签元素和图表区将自动应用设置好的样式,最终效果如图 7-14 所示(效果参见:效果文件\项目七\产品畅滞销款分析.xlsx)。通过该饼图可以判断出:所售产品中篮球鞋的库存金额最大,其次是网球服和脚蹼。

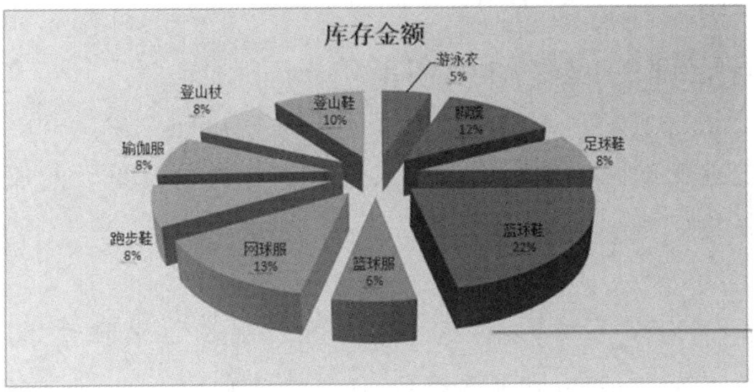

图 7-14　最终效果

任务三　多店铺销售数据分析

通过对多店铺之间的销售情况进行对比分析,能够有效提升总仓的物流管理能力,并且可评估各店铺的销售水平,提升各店铺解决库存的能力。

二维码 7-3
多店铺销售数据
分析操作视频

图 7-15 显示了多店铺一个月内销售数据分析的最终效果。通过该图可以清晰地对比出各店铺的销售高峰期,连锁店 A 在第一周的销量最好,而连锁店 B 则在第三周的销量最好,同时还可以将团购销售额和正常销售额的数据信息创建成条形图,更直观地了解团购销售额与正常销售额的对比情况。

连锁店C	第一周	23	15	65.2%	20	1.333333	540.00	2000	15.6%	10800	12800
	第二周	45	30	66.7%	35	1.166667	365.71	1000	7.2%	12800	13800
	第三周	65	10	15.4%	15	1.5	460.00	0	0.0%	6900	6900
	第四周	78	6	7.7%	10	1.666667	36.00	5000	93.3%	360	5360

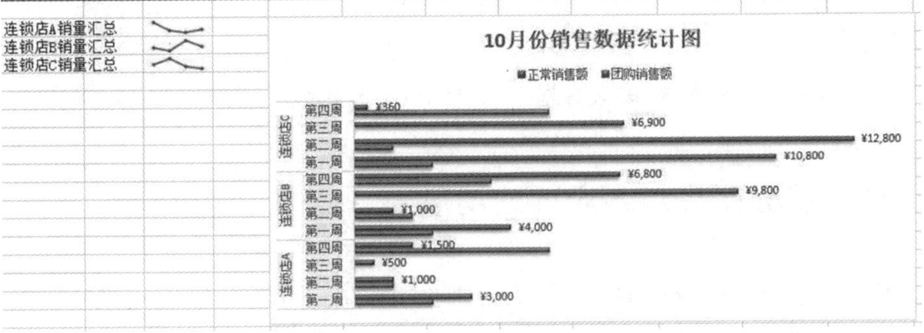

图 7-15　多店铺销售数据分析的最终效果

下面首先使用公式计算各店铺 10 月份的成交率和客单价,然后利用迷你图来分析各店铺的销量情况,最后通过条形图来分析团购销售额和正常销售额各自所占的比重。

一、计算各店铺的成交率和客单价

店铺提升销售业绩的两大关键因素是成交数和客单价。每天的成交数乘以平均客单价就是当天的销售额。

【例 7-6】 下面将在"多店铺销售数据分析. xlsx"工作簿中,通过已知的成交数来计算店铺的成交率,然后计算客单价,具体操作如下。

(1)打开素材文件"多店铺销售数据分析. xlsx"工作簿(素材参见:素材文件\项目七\多店铺销售数据分析. xlsx),在"Sheet1"工作表中选择 E3 单元格,并输入公式" = D3/C3"。

(2)确认输入的公式无误后,按"Enter"键查看计算结果。

(3)重新选择 E3 单元格,拖动其右下角的填充柄至 E14 单元格后释放鼠标,进行公式的复制操作。

(4)选择 H3 单元格,并在其中输入公式" = K3/F3"。

(5)确认输入的公式无误后,按"Enter"键查看计算结果。

(6)重新选择 H3 单元格,拖动其右下角的填充柄至 H14 单元格后释放鼠标,进行公式的复制操作。

(7)保持 H3:H14 单元格区域的选择状态,在"开始"选项卡"数字"组的"数字格式"下拉列表中选择"数字"选项。

(8)选择 E3:E14 单元格区域,在按住"Ctrl"键的同时加选 J3:J14 单元格区域,然后单击"开始"选项卡"数字"组中的"展开"按钮。

(9)打开"设置单元格格式"对话框,在"数字"选项卡的"分类"列表框中选择"百分比"选项,并在右侧的"小数位数"数值框中输入"1",最后单击"确定"按钮。

(10)此时,所选单元格区域中的数字格式将显示为百分比样式。

二、使用迷你图显示各店铺的销量

利用 Excel 进行数据分析时,除了使用常见的图表外,还可以使用迷你图。迷你图是在 Excel 单元格中创建的一种微型图表,其可以对数据变动进行直观展示。

【例 7-7】 下面将在"多店铺销售数据分析.xlsx"工作簿中进行迷你图的创建与编辑,具体操作如下。

(1)打开素材文件"多店铺销售数据分析.xlsx"工作簿,在"Sheet1"工作表中选择 A16 单元格,并在其中输入文本"连锁店 A 销量汇总"。

(2)选择 C16 单元格,在"插入"选项卡的"迷你图"组中单击"折线图"按钮。

(3)打开"创建迷你图"对话框,在"选择所需的数据"栏中单击"数据范围"文本框右侧的"收缩"按钮。

(4)此时,"创建迷你图"对话框呈收缩状态。在"Sheet1"工作表中拖动鼠标选择需要显示的数据区域,这里选择 F3:F6 单元格区域,然后单击对话框中的"展开"按钮。

(5)展开"创建迷你图"对话框,保持迷你图的放置位置不变,单击"确定"按钮。

(6)返回 Excel 工作界面,此时,C16 单元格中将显示已创建的迷你图。

(7)选择创建的迷你图,在"迷你图工具"选项卡的"显示"组中单击选中"标记"复选框。

(8)保持迷你图的选择状态,在"迷你图工具"选项卡"样式"组的"样式"列表中选择"迷你图样式彩色♯2"选项。

(9)在"迷你图工具"选项卡的"样式"组中单击"迷你图颜色"下拉按钮,在打开的下拉列表中选择"粗细"选项,再在打开的子列表中选择"1.5 磅"选项。

(10)此时,C16 单元格中将自动显示迷你图线条加粗的最终效果。

(11)依次在 A17 和 A18 单元格中输入文本"连锁店 B 销量汇总""连锁店 C 销量汇总",然后按照相同的方法,在 C17 和 C18 单元格中分别创建折线图样式的迷你图。"连锁店 B 销量汇总"和"连锁店 C 销量汇总"迷你图的数据范围分别为 F7:F10 单元格区域和 F11:F14 单元格区域。

(12)通过"迷你图工具"选项卡的"显示"组和"样式"组,为新创建的迷你图添加"标记"和应用样式,最终效果如图 7-16 所示。由 3 个迷你图可知,连锁店 A 在第一周出现销售峰值,连锁店 B 在第三周出现销售峰值,连锁店 C 在第二周出现销售峰值。

三、创建条形图对比各店铺的销售额

【例 7-8】 下面将通过条形图直观显示各店铺中正常销售额和团购销售额的对比情况,具体操作如下。

(1)打开素材文件"多店铺销售数据分析.xlsx"工作簿,在"Sheet1"工作表中选择 A2:B14 单元格区域,在按住"Ctrl"键的同时加选 I2:I14 单元格区域和 K2:

连锁店A	第一周	20	15	
	第二周	30	10	
	第三周	10	2	
	第四周	40	5	
连锁店B	第一周	15	10	
	第二周	30	5	
	第三周	65	35	
	第四周	25	12	
连锁店C	第一周	23	15	
	第二周	45	30	
	第三周	65	10	
	第四周	78	6	
连锁店A销量汇总				
连锁店B销量汇总				
连锁店C销量汇总				

图 7-16　调整其他迷你图的效果

K14 单元格区域,然后单击"插入"选项卡"图表"组中的"条形图"按钮,在打开的下拉列表中选择"二维条形图"栏中的"簇状条形图"选项。

(2)此时,工作表中将显示插入的簇状条形图,保持图表的选择状态,在"图表工具—设计"选项卡的"图表布局"组中单击"快速布局"按钮,在打开的下拉列表中选择"布局 2"选项。

(3)选择图表标题,添加名称"10月份销售数据统计图"。

(4)选择"系列'团购销售额'数据标签"图表元素,按"Delete"键将其删除。

(5)在"图表工具—格式"选项卡的"大小"组中,将图表的高度和宽度分别设置为"8.04 厘米"和"18.69 厘米",然后移动图表,使其左上角与 E16 单元格对齐。

(6)选择"系列'正常销售额'数据标签"图表元素,在"图表工具—格式"选项卡的"当前所选内容"组中单击"设置所选内容格式"按钮。

(7)打开"设置数据标签格式"对话框,单击"数字"选项卡,在"类别"列表框中选择"货币"选项,在"小数位数"数值框中输入"0",然后单击"关闭"按钮。

(8)此时,图表中的数据标签将以货币的形式进行显示。

(9)选择"垂直(类别)轴"图表元素,在"图表工具—格式"选项卡的"形状样式"组中单击"形状填充"按钮,在打开的下拉列表中选择"纹理"选项,再在打开的子列表中选择"羊皮纸"选项。

(10)此时,图表中的垂直轴将应用羊皮纸样式的填充效果,如图 7-17 所示(效果参见:效果文件\项目七\多店铺销售数据分析.xlsx)。通过该图表,用户可以清楚地看到各店铺不同时期的销量情况对比。

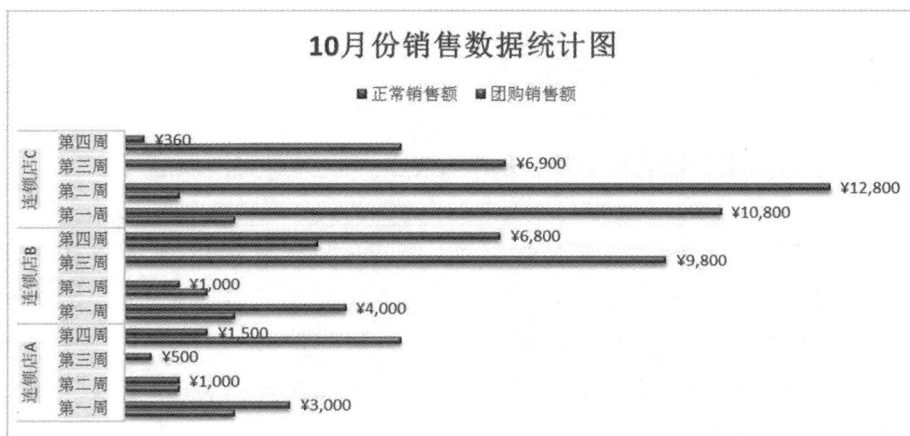

图 7-17 更改填充效果后的效果

任务四 历年销售数据分析

通过前面的实例操作，销售数据分析的重要性已无须多言，尤其在销售管理方面，只有对销售数据进行准确分析，才能真正找到数据变动（上升或下滑）的根本原因，实现分析问题、解决问题的目的。

图 7-18 显示了某店铺的 3 款产品在 2022 年和 2023 年两个年度上半年的市场销售数据情况。通过该图，可以清晰地看出 3 款产品在 2022 年和 2023 年的上半年这两个阶段销售总额的占比情况，以及 3 款产品在这两个阶段的销售数据变化。

二维码 7-4
历年销售数据
分析操作视频

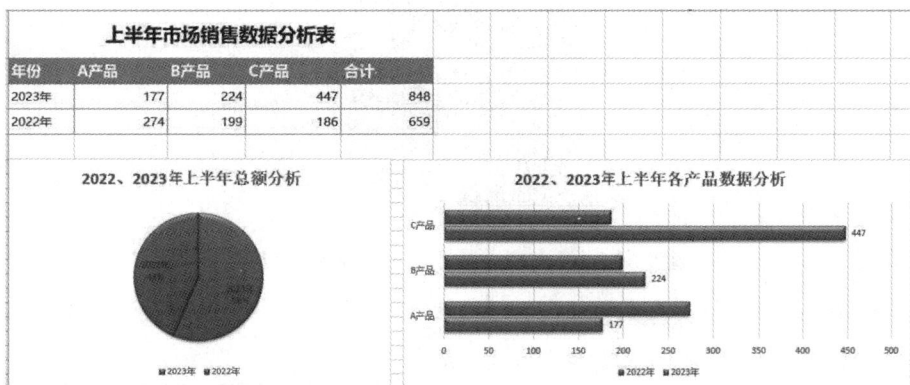

图 7-18 历年销售数据分析的最终效果

下面首先使用求和函数计算某店铺 2022 年和 2023 年上半年的销售数据合计值，其次创建条形图和饼图来查看这两个阶段的整体销售数据和各月的销售数据，最后结合柱形图和折线图来查看 2022 年和 2023 年上半年各月销售数据的对比情况。

一、分析历年上半年整体销售数据

图表不仅比单纯的数据表格美观,还能更清晰地展示数据问题。

【例 7-9】 下面将在"历年销售数据分析.xlsx"工作簿中,通过创建饼图和条形图来查看某店铺 3 款产品在 2022 年和 2023 年上半年的销售情况,具体操作如下。

(1)打开素材文件"历年销售数据分析.xlsx"工作簿(素材参见:素材文件\项目七\历年销售数据分析.xlsx),选择"年度数据"工作表中的 E3 单元格,然后单击"公式"选项卡"函数库"组中的"自动求和"按钮。

(2)此时,E3 单元格中将自动显示参与求和的单元格区域,并在工作表中以不断闪烁的虚线框样式进行标识,确认引用的单元格区域无误后,按"Enter"键显示计算结果。按照相同的操作方法,计算 2022 年的合计数。

(3)选择 A3:A4 单元格区域,按住"Ctrl"键的同时加选 E3:E4 单元格区域,然后单击"插入"选项卡"图表"组中的"饼图"按钮,在打开的下拉列表中选择"二维饼图"栏中的"饼图"选项。

(4)在"图表工具—设计"选项卡的"图表布局"组中单击"快速布局"按钮,在打开的下拉列表中选择"布局 1"选项。

(5)将图表标题更改为"2022、2023 年上半年总额分析",如图 7-19 所示。

2022年、2023年上半年总额分析

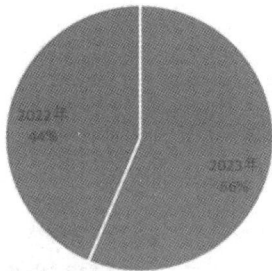

图 7-19   2022、2023 年上半年总额分析饼图

(6)在"图表工具—设计"选项卡的"图表样式"组中单击右侧下拉按钮,在打开的下拉列表中选择"样式 12"选项。完成饼图的设置后,移动图表,使其左上角与 A6 单元格对齐。

(7)选择 A2:D4 单元格区域,在"插入"选项卡的"图表"组中单击"条形图"按钮,在打开的下拉列表中选择"二维条形图"栏中的"簇状条形图"选项。

(8)在"图表工具—设计"选项卡的"图表布局"组中单击"快速布局"按钮,在打开的下拉列表中选择"布局 1"选项。

（9）将条形图的图表标题更新为"2022、2023年上半年各产品数据分析"，然后在"图表工具—设计"选项卡"图表样式"组中单击右侧下拉按钮，在打开的下拉列表中选择"样式12"选项。

（10）移动编辑后的条形图，使之与饼图保持在一条直线上，然后拖动条形图右侧中间的控制点，适当增加条形图的宽度。

（11）选择条形图中蓝色的数据条，然后在"图表工具—设计"选项卡的"图表布局"组中单击"添加图表元素"按钮，在打开的下拉列表中单击"数据标签"按钮，在打开的子列表中选择"数据标签外"选项。

（12）此时，图表中将显示添加数据标签的效果，如图7-20所示。

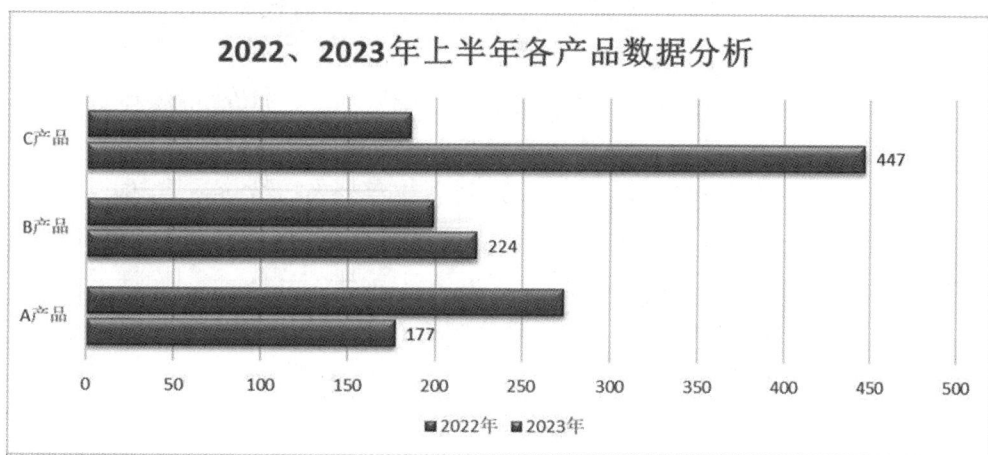

图 7-20　查看添加数据标签后的效果

二、分析历年上半年各月销售数据

通过对销售数据的研究和分析，比较2022、2023年度上半年销售额之间的差距，可为后续销售业务的开展提供指导。

【例 7-10】　下面将在"历年销售数据分析.xlsx"工作簿中，利用折线图和柱形图分析某店铺3款产品在2022、2023年度上半年各月的销售情况，具体操作如下。

（1）打开素材文件"历年销售数据分析.xlsx"工作簿，选择"各月数据"工作表。在"各月数据"工作表中选择A2:G8单元格区域，然后在"插入"选项卡的"图表"组中单击"柱形图"按钮，在打开的下拉列表中选择"二维柱形图"栏中的"簇状柱形图"选项。

（2）此时，工作表中将显示创建的柱形图。保持插入图表的选择状态，单击"图表工具—设计"选项卡"数据"组中的"切换行/列"按钮。

（3）选择图表中"2022 年（A 产品）"对应的数据条，然后在"图表工具—设计"选项卡的"类型"组中单击"更改图表类型"按钮。

（4）打开"更改图表类型"对话框，在左侧列表中单击"组合图"选项卡，在右侧的"2022 年（A 产品）"、"图表类型"栏中选择"折线图"选项，然后单击"确定"按钮。

（5）此时，图表中所选的柱形图更改为折线图。按照相同的操作方法，将"2022 年（C 产品）"和"2022 年（B 产品）"的柱形图更改为折线图。

（6）选择图表，在"图表工具—设计"选项卡的"图表布局"组中单击"快速布局"按钮，在打开的下列列表中选择"布局 3"选项。

（7）将图表标题更改为"A、B、C 产品 2022、2023 年上半年各月销售数据分析"。

（8）移动图表，使其左上角与 A10 单元格对齐，并将图表宽度调整为"31.66 厘米"。

（9）保持图表的选择状态，在"图表工具—设计"选项卡的"图表样式"组中单击右侧下拉按钮，在打开的下拉列表中选择"样式 8"选项。

（10）选择图表中"2023 年（C 产品）"对应的柱形条，在"图表工具—格式"选项卡的"形状样式"组中单击"形状填充"下拉按钮，在打开的下拉列表中选择"标准色"栏中的"橙色"选项。

（11）选择图表中"2022 年 A 产品"对应的折线条，单击"图表工具—设计"选项卡"图表布局"组中的"添加图表元素"按钮，在打开的下拉列表中选择"数据标签"，并在打开的子列表中选择"上方"选项。

（12）选择图表，在"添加图表元素"按钮下拉列表中单击"网格线"按钮，取消"主轴主要水平网格线"选项。

（13）在新添加的数据标签上单击鼠标右键，然后在弹出的快捷菜单中选择"设置数据标签格式"命令。

（14）打开"设置数据标签格式"对话框，单击"标签选项"选项卡，在"标签包括"栏中单击选中"系列名称"复选框，然后在"分隔符"下拉列表中选择"空格"选项，最后单击"关闭"按钮。

（15）在"2022 年（A 产品）"折线图上单击鼠标右键，然后在弹出的快捷菜单中选择"设置数据系列格式"命令。

（16）打开"设置数据系列格式"对话框，单击"数据标记选项"选项卡，在"数据标记类型"栏中单击选中"内置"单选项，然后将数据标记的类型设置为"实心正方形"，大小设置为"13"。

（17）单击"设置数据系列格式"对话框中的"数据标记填充"选项卡，单击选中"纯色填充"单选项，然后在"填充颜色"栏的"颜色"下拉列表中选择"红色"选项，最后单击"关闭"按钮。

（18）此时，图表中"2022 年（A 产品）"的数据系列将显示设置后的标记效果。

（19）选择图表，在"图表工具—设计"选项卡的"位置"组中单击"移动图表"按钮，打开"移动图表"对话框，单击选中"新工作表"单选项，在其右侧的文本框中输入新工作表的名称"各月数据对比图"，单击"确定"按钮。

（20）此时，将创建好的图表移动至"各月数据对比图"工作表中，并充满整个工作表，最终效果如图 7-21 所示（效果参见：效果文件\项目七\历年销售数据分析.xlsx）。

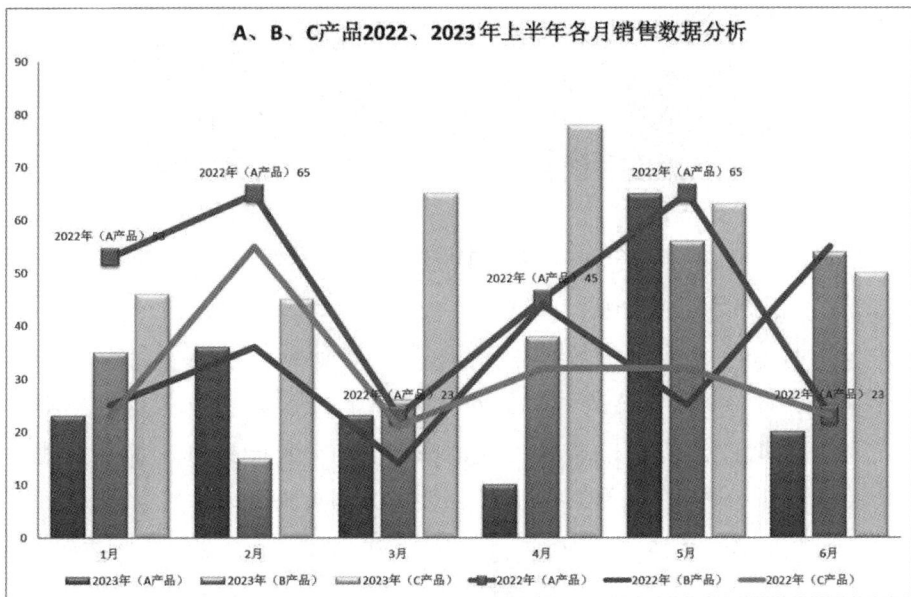

图 7-21　最终效果图

新手提升

销售数据分析方法

销售是企业的命脉，如果销售数据分析方法不正确，或者销售数据分析结果出现错误，企业便无法在销售数据分析中获得有价值的反馈，也无法合理调整业务发展策略。下面将对一些常见的销售数据分析方法进行总结，以供大家参考。

一、销售额/销售量分析

通过对销售额和销售量的分析，可以快速找出客户增长或流失的原因。如果销售额增长大于销售量增长，说明增长主要来源于产品平均价格的提高，能够反映出产品的市场平均价格提高或产品实现了结构升级，属于结构性增长；反之，则为容量性增长。图 7-22 为某店铺 2017 年、2018 年的销售额和销售量的增长情况,从该图可以看出该店铺在这两个年度内属于容量性增长。

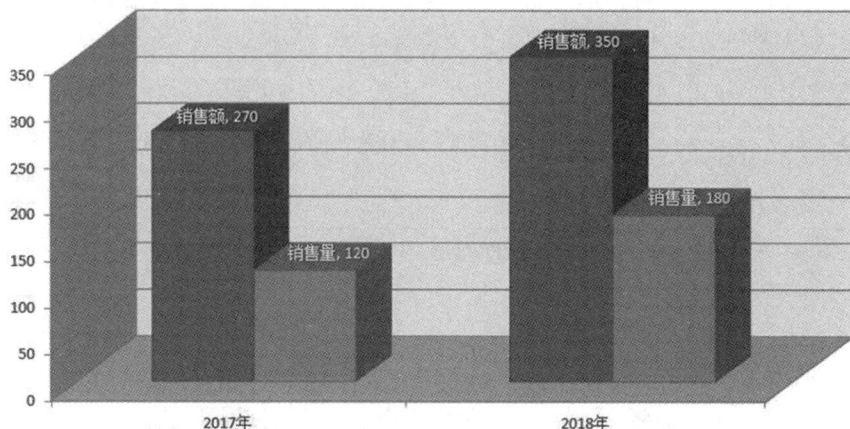

图 7-22 整体销售额/销售量分析

二、季节性产品销量分析

很多消费品行业存在明显的季节性波动,最明显的就是服装。这些季节性产品的市场竞争十分激烈,商家应根据行业规律为店铺的供货渠道和促销方式进行合理规划。在进行规划之前,对这些季节性产品的销量数据进行分析是非常重要的。图 7-23 为某店铺的服装在 2017 年和 2018 年各月的销售情况,从该图可以看出 6—9 月是明显的销售淡季,应在这一阶段加大产品的促销力度。

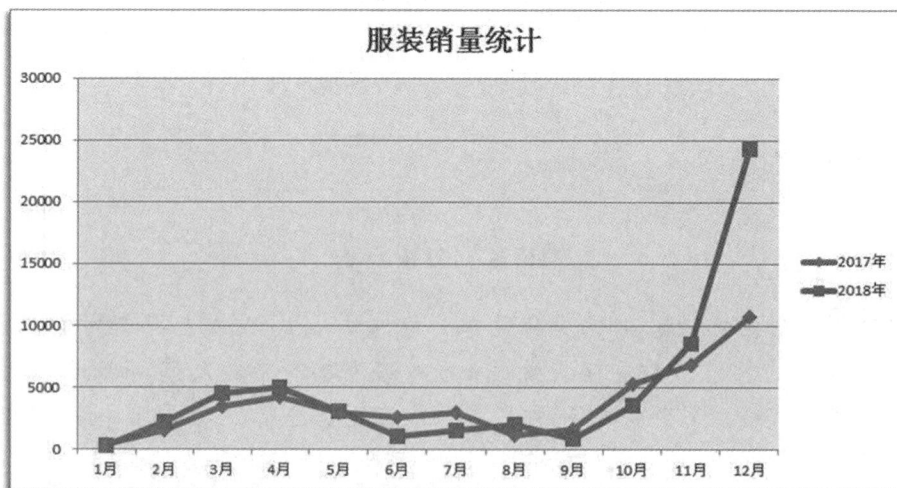

图 7-23 季节性产品销量分析

三、产品价格体系分析

要想做好销售工作,除了需要产品本身质量过硬外,产品的价格也很重要。有些产品虽然质量很好,但因为定价过高,最终导致销售不佳。图 7-24 为某店铺 2017 年和 2018 年所售不同价位产品的销售量汇总,从该图中可以看出:售价 50～200 元的产品销量较好,尤其是 100～200 元的产品深受广大用户的喜欢,而低于 50 元的产品则市场反应冷淡。针对这一现象,店铺管理人员应及时调整产品的价格体系,以更好地适应市场需求。

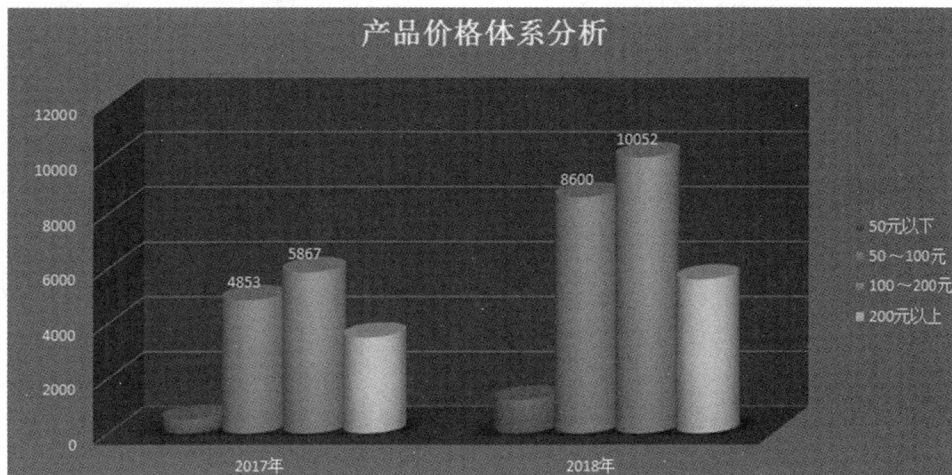

图 7-24　产品价格体系分析

四、产品区域销售情况分析

对不同区域的产品销售情况进行分析,可以判断出当前产品的市场分布是否合理,并为下一阶段的销售方向提供依据。图 7-25 为某店铺近三个月的产品区域分布情况,通过该图可以看出:该产品在四川的消费人群是最庞大的,其次是江苏,店铺可以针对这两个区域制订相应的销售计划。

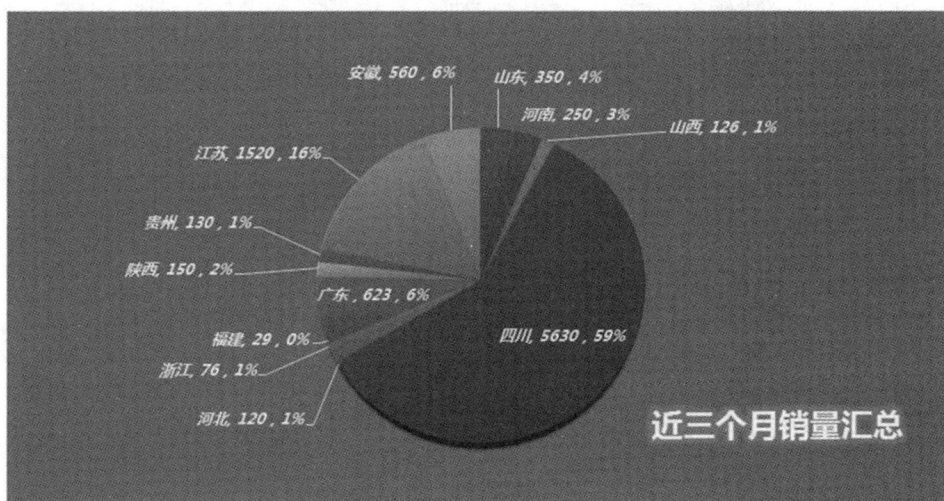

图 7-25　产品区域销售情况分析

课程思政

物美与价廉

人们都喜欢物美价廉的商品，这也会使很多店铺产生误解，认为只有“价廉”才能赢得更多的客户，却忽略了重要的一点，“物美”是排在“价廉”前面的，也就是说，商品的质量远比价格更重要。所以，店铺运营的第一步不是考虑流量，而是要用心选择好的商品，做好商品定位，否则，后续的工作将无法顺利开展。

课后巩固

实训：商品销售情况分析练习

打开“本周水杯销量.xlsx”工作簿“Sheet1”工作表，如图 7-26 所示。在该工作表中创建数据透视表和数据透视图，对相同型号不同颜色的商品的销量数据进行分析。

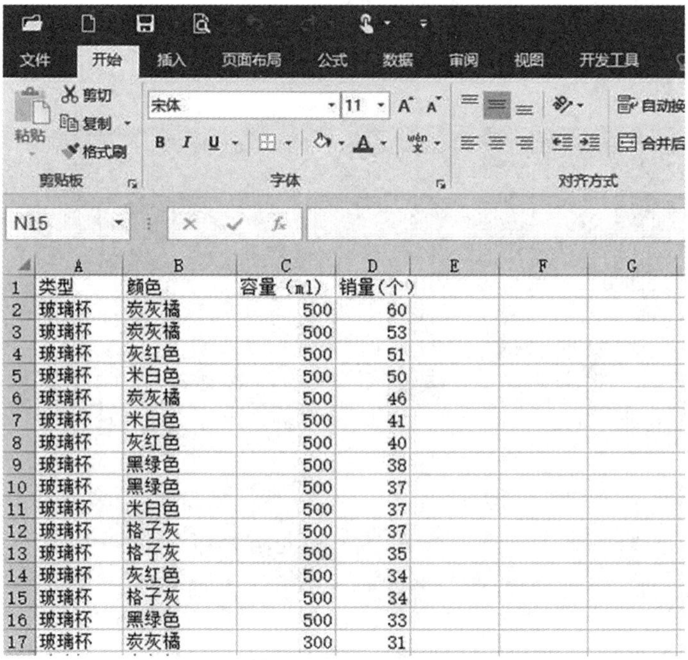

	A	B	C	D
1	类型	颜色	容量（ml）	销量（个）
2	玻璃杯	炭灰橘	500	60
3	玻璃杯	炭灰橘	500	53
4	玻璃杯	灰红色	500	51
5	玻璃杯	米白色	500	50
6	玻璃杯	炭灰橘	500	46
7	玻璃杯	米白色	500	41
8	玻璃杯	灰红色	500	40
9	玻璃杯	黑绿色	500	38
10	玻璃杯	黑绿色	500	37
11	玻璃杯	米白色	500	37
12	玻璃杯	格子灰	500	37
13	玻璃杯	格子灰	500	35
14	玻璃杯	灰红色	500	34
15	玻璃杯	格子灰	500	34
16	玻璃杯	黑绿色	500	33
17	玻璃杯	炭灰橘	300	31

图 7-26 “本周水杯销量”工作表

（1）创建数据透视表，将"类型""颜色"字段添加到"行标签"区域，将"销量"字段添加到"数值"区域。

（2）对数据透视表进行美化操作。

（3）为数据透视表创建数据透视图，并对行标签字段进行筛选。

项目八　销售收入与销售成本分析

影响销售额的因素包括销售收入、销售成本、销售费用和销售税金等。本项目主要介绍销售收入、销售成本、销售费用、销售税金的计算，销售收入与销售成本的对比关系，以及各项费用明细对比分析等内容。

学习目标

- 掌握销售收入与销售成本分析的方法。
- 掌握销售成本预测分析的方法。

素养目标

- 掌握销售费用的基本定义和构成，了解其在企业运营中的作用。
- 掌握销售收入分析的技能和方法。
- 提升数据分析能力，培养决策支持能力。

任务一　销售收入与销售成本分析

销售收入是指企业通过产品销售所获得的货币收入以及形成的应收销货款。销售成本是指销售产品过程中所产生的费用，其实质是对已售产品生产成本的结转。

图 8-1 为销售费用分析表的最终效果图，其中体现了销售收入与销售成本的相关性及对比情况等。通过该图，营销人员可以清楚地了解销售收入、销售成本、销售费用及销售税金的合计数，销售收入与销售成本之间不存在线性相关关系，以及销售收入与销售成本之间的对比情况等。

二维码 8-1
销售收入与销售
成本分析操作视频

月份	销售收入	销售成本	销售费用	销售税金	销售成本率	销售费用率	销售税金率
							单位：元
1月	27128.70	9126.50	912.64	356.44	33.64%	3.36%	1.31%
2月	29126.42	11650.57	8050.72	571.26	40.00%	27.64%	1.96%
3月	20493.74	7136.94	572.64	285.69	34.82%	2.79%	1.39%
4月	31126.94	5308.72	1042.69	605.30	17.06%	3.35%	1.94%
5月	33370.94	9126.42	1304.94	668.55	27.35%	3.91%	2.00%
6月	27370.42	7124.62	527.96	368.52	26.03%	1.93%	1.35%
合计/平均	168617.16	49473.77	12411.59	2855.75	29.82%	7.16%	1.66%

回归函数	0.078525977	6038.82345	
	Y=0.0785X+6038.8234		
相关系数	r=0.1573	异常	

众环文具店2023年上半年销售费用统计

图 8-1 销售费用分析表最终效果

下面首先对销售收入、销售成本、销售费用和销售税金及相关的销售成本率、销售费用率和销售税金率进行计算，其次利用回归分析函数对销售收入与销售成本进行线性回归分析，最后利用折线图和柱形图直观展现销售收入与销售成本的对比关系。该实例涉及的知识点包括 SUM、IF、AVERAGE、LINEST、CORREL、TEXT 及 CONCATENATE 等函数的使用，以及图表的插入与编辑等。

一、计算销售收入、销售成本、销售费用和销售税金

【例 8-1】 下面将在"销售费用分析表.xlsx"工作簿中利用求和函数（SUM）合计上半年的销售收入、销售成本、销售费用和销售税金，然后通过逻辑函数（IF）和平均值函数（AVERAGE）计算销售成本率、销售费用率和销售税金率，具体操作如下。

（1）打开素材文件"销售费用分析表.xlsx"（素材参见：素材文件\项目八\销售费用分析表.xlsx），在"Sheet1"工作表中选择 B10 单元格，在"公式"选项卡的"函数库"组中单击"自动求和"按钮，此时 B10 单元格将自动显示参与求和的单元格区域，确认无误后按"Enter"键得出计算结果。

（2）按照相同的操作方法，计算销售成本、销售费用和销售税金的合计数。

（3）选择 F4 单元格，在"公式"选项卡的"函数库"组中单击"插入函数"按钮。

（4）打开"插入函数"对话框，在"或选择类别"下拉列表中选择"常用函数"选项，在"选择函数"列表框中选择"IF"选项，然后单击"确定"按钮。

（5）打开"函数参数"对话框，在"Logical_test"文本框中输入"B4＝0"，在"Value_if_true"文本框中输入"IF(C4＝0，0，"出错")"，在"Value_if_false"文本框中输入"IF(C4＝0，"出错"，C4/B4)"，最后单击"确定"按钮。

（6）返回"Sheet1"工作表查看计算结果，将鼠标指针移至 F4 单元格右下角的填充柄上，长按鼠标左键向下拖动至 F9 单元格后，释放鼠标复制公式。

（7）选择 G4 单元格，在"公式"选项卡的"函数库"组中单击"逻辑"按钮，在打开的下拉列表中选择"IF"选项。

（8）打开"函数参数"对话框，依次在"Logical_test""Value_if_true"和"Value_if_false"文本框中输入"B4＝0""0"和"D4/B4"，然后单击"确定"按钮。

（9）返回"Sheet1"工作表，拖动 G4 单元格右下角的填充柄，快速复制公式后查看计算结果。

（10）使用相同的方法，继续计算"销售税金率"，其中"销售税金率＝销售税金/销售收入"，如果销售收入为"0"，则销售税金率为"0"。

（11）选择 F10 单元格，在"公式"选项卡的"函数库"组中单击"自动求和"按钮，在打开的下拉列表中选择"平均值"选项。

（12）此时，F10 单元格中将自动插入函数并进行平均值计算，确认参与计算的函数参数无误后，按"Enter"键得出计算结果。

（13）按照相同的操作方法，计算"销售费用率"和"销售税金率"的平均值。

（14）选中"F4：H10"单元格区域，在"开始"选项卡"数字"组下拉菜单中选择"百分比"格式。操作效果如图 8-2 所示。

月份	销售收入	销售成本	销售费用	销售税金	销售成本率	销售费用率	销售税金率
1月	27128.70	9126.50	912.64	356.44	33.64%	3.36%	1.31%
2月	29126.42	11650.57	8050.72	571.26	40.00%	27.64%	1.96%
3月	20493.74	7136.94	572.64	285.69	34.82%	2.79%	1.39%
4月	31126.94	5308.72	1042.69	605.30	17.06%	3.35%	1.94%
5月	33370.94	9126.42	1304.94	668.55	27.35%	3.91%	2.00%
6月	27370.42	7124.62	527.96	368.52	26.03%	1.93%	1.35%
合计/平均	168617.16	49473.77	12411.59	2855.75	29.82%	7.16%	1.66%

众环文具店2023年上半年销售费用统计

单位：元

图 8-2　销售收入、销售成本、销售费用和销售税金等的计算结果

二、回归分析销售收入与销售成本

回归分析指的是确定两种或两种以上变量之间相互依赖的定量关系的一种统计分析方法。

【例 8-2】　下面将通过 LINEST、CONCATENATE、TEXT 和 CORREL 函数对销售收入和销售成本进行回归分析，判断这两者之间是否存在定量关系，具体操作如下。

（1）打开素材文件"销售费用分析表.xlsx"，在"Sheet1"工作表中选择 A13 单元格，在其中输入文本"回归函数"后按"Enter"键。

（2）选择 B13:C13 单元格区域，在编辑栏中输入公式"=LINEST(C4:C9,B4:B9)"。

（3）按"Ctrl、Shift、Enter"组合键，得到销售收入和销售成本存在的线性关系下的直线表达式的斜率和截距。

（4）选择 B14 单元格，单击"公式"选项卡"函数库"组中的"插入函数"按钮，打开"插入函数"对话框，在"或选择类别"下拉列表中选择"文本"选项，在"选择函数"列表框中选择"CONCATENATE"选项，然后单击"确定"按钮。

（5）打开"函数参数"对话框，依次在"Test1""Test2""Test3""Test4"文本框中输入图 8-3 所示的内容，然后单击"确定"按钮。返回"Sheet1"工作表，查看 B14 单元格的计算结果。其中 Y 表示"销售成本"，X 表示"销售收入"。

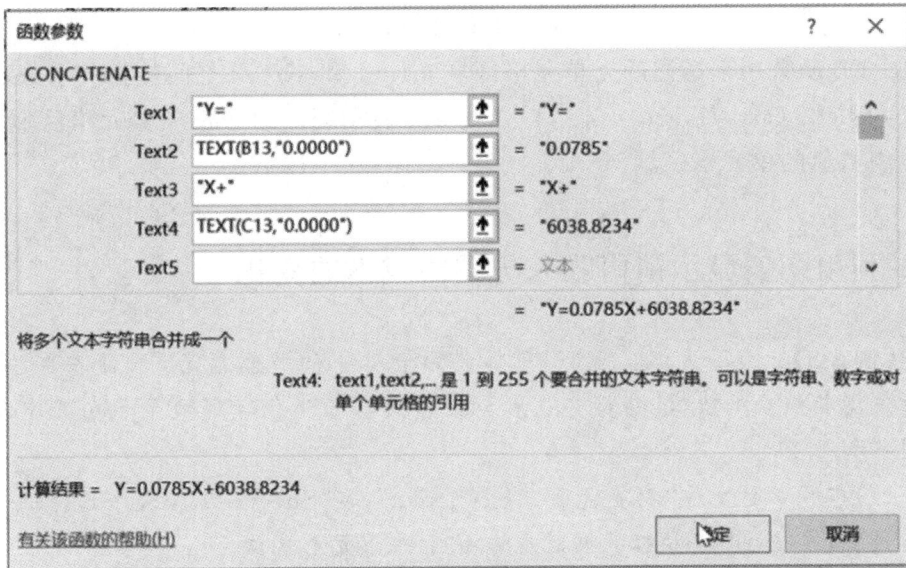

图 8-3　设置函数参数

(6)选择 A15 单元格,输入文本“相关系数”,然后选择 B15 单元格,在编辑栏中输入公式“ = CONCATENATE (" r = ", TEXT (CORREL (B4: B9, C4: C9), "0.0000"))”,按“Enter”键显示计算结果,如图 8-4 所示。

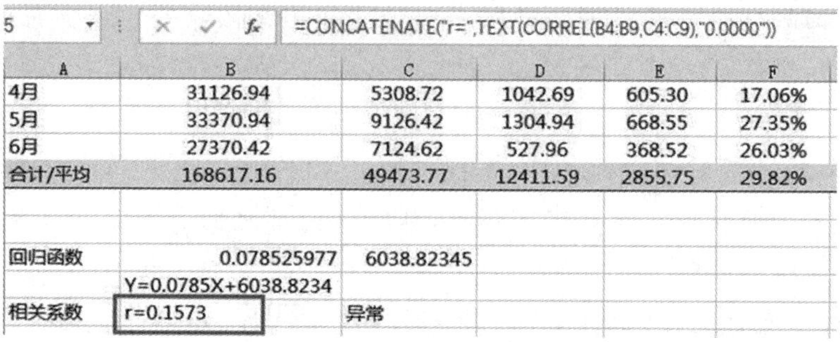

=CONCATENATE("r=",TEXT(CORREL(B4:B9,C4:C9),"0.0000"))

A	B	C	D	E	F
4月	31126.94	5308.72	1042.69	605.30	17.06%
5月	33370.94	9126.42	1304.94	668.55	27.35%
6月	27370.42	7124.62	527.96	368.52	26.03%
合计/平均	168617.16	49473.77	12411.59	2855.75	29.82%
回归函数	0.078525977	6038.82345			
	Y=0.0785X+6038.8234				
相关系数	r=0.1573	异常			

图 8-4 利用函数计算相关系数

(7)选择 C15 单元格,在编辑栏中输入公式“ = IF(CORREL(B4:B9,C4:C9)<0.5,"异常","相关")”,判断销售收入与销售成本的相关性,然后按“Enter”键显示计算结果,如图 8-5 所示。

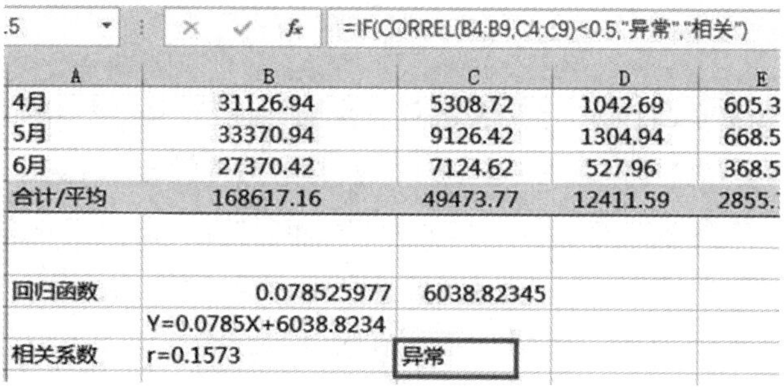

=IF(CORREL(B4:B9,C4:C9)<0.5,"异常","相关")

A	B	C	D	E
4月	31126.94	5308.72	1042.69	605.3
5月	33370.94	9126.42	1304.94	668.5
6月	27370.42	7124.62	527.96	368.5
合计/平均	168617.16	49473.77	12411.59	2855.
回归函数	0.078525977	6038.82345		
	Y=0.0785X+6038.8234			
相关系数	r=0.1573	异常		

图 8-5 利用函数判断相关性

CORREL 函数用于返回两个单元格区域 array1 和 array2 之间的相关系数,其语法结构为:CORREL(array1,array2)。其中,array1 表示第一组数值的单元格区域,array2 表示第二组数值的单元格区域。

三、利用图表显示销售收入与销售成本的变化

【例 8-3】 为了更加直观、形象地展示表格中的数据信息,下面将通过柱形图和折线图相结合的方式,将销售收入与销售成本的变化直观地显示在工作表中,具体操作如下。

(1)打开素材文件“销售费用分析表.xlsx”,在“Sheet1”工作表中选择 A3:C9 单元格区域,在按住“Ctrl”键的同时选中 F3:F9 单元格区域。

(2)在“插入”选项卡的“图表”组中单击“柱形图”按钮,在打开的下拉列表中选择“二维柱形图”栏中的“簇状柱形图”选项。

（3）此时，插入的柱形图默认呈选择状态，在"图表工具—设计"选项卡的"图表布局"组中单击"快速布局"按钮，在打开的下拉列表中选择"布局3"选项。

（4）在"图表标题"文本框中输入文本"销售收入与成本对比"，然后选择输入的标题文本，在"开始"选项卡"字体"组的"字体"下拉列表中选择"华文仿宋"选项。

（5）在"图表工具—格式"选项卡"当前所选内容"组的"图表元素"下拉列表中选择"系列'销售成本率'"选项，然后单击"设置所选内容格式"按钮。

（6）打开"设置数据系列格式"对话框，在"系列选项"选项卡的"系列绘制在"栏中单击选中"次坐标轴"单选项，然后单击"关闭"按钮。

（7）在"图表工具—设计"选项卡的"类型"组中单击"更改图表类型"按钮。

（8）打开"更改图表类型"对话框，单击左侧列表框中的"组合图"选项卡，在右侧的"销售成本率"栏中选择"带数据标记的折线图"选项，然后单击"确定"按钮。

（9）在"图表工具—格式"选项卡"当前所选内容"组的"图表元素"下拉列表中选择"次坐标轴 垂直（值）轴"选项，然后单击"设置所选内容格式"按钮。

（10）打开"设置坐标轴格式"对话框，单击左侧列表框中的"坐标轴选项"选项卡，在右侧的"坐标轴选项"栏中单击选中"最大值"项对应的"固定"单选项，并在右侧的数值框中输入"0.4"，然后单击"关闭"按钮。

（11）选择图表中的"销售收入"系列数据，然后单击"图表工具—格式"选项卡"形状样式"组中的"快速样式"按钮，在下拉列表中选择"强烈效果-橙色，强调颜色6"选项。

（12）按照相同的操作方法，将图表中的"销售成本"系列数据的形状样式设置为"强烈效果-紫色，强调颜色4"选项。

（13）在"销售收入"数据系列上单击鼠标右键，在弹出的快捷菜单中选择"设置数据系列格式"命令。

（14）打开"设置数据系列格式"对话框，在"系列选项"选项卡的"系列重叠"栏对应的数值框中输入"－30％"，调整数据系列的分隔距离，然后单击"关闭"按钮。

（15）将鼠标指针定位至图表区，按住鼠标左键不放拖动图表，使其左上角与A17单元格对齐，然后将鼠标指针移至图表右下角的控制点上，当其变为"⬊"形状时，长按鼠标左键向右下角拖动，直至图表区与G31单元格重叠后释放鼠标，完成图表的移动和放大操作，最终效果如图8-6所示（效果参见：效果文件\项目八\销售费用分析表.xlsx）。

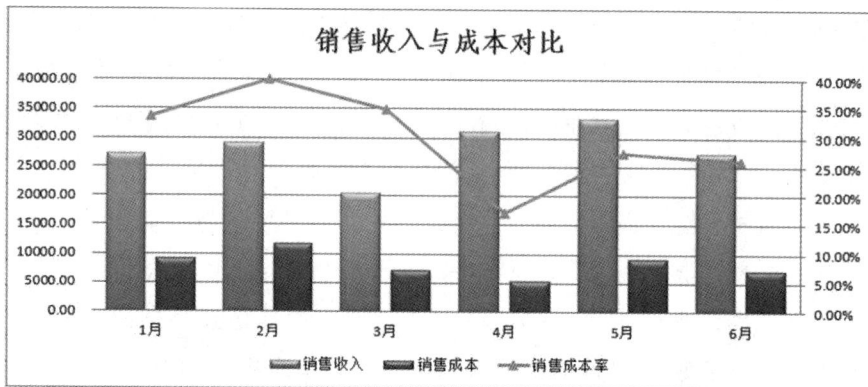

图 8-6　效果图

任务二　销售成本预测分析

　　企业的各项经营活动与产品的销售情况密切相关。销售预测是根据企业以往的销售情况对未来销售情况所进行的预计和推算,经营预测是对企业生产经营活动的未来发展趋势所进行的预计和推算,销售预测是经营预测的起点和基础,而销售成本预测又是销售预测中重要的一部分。通过销售成本预测,营销人员可以了解并把控后续的销售成本水平及其变动趋势,有助于减少决策的盲目性。

二维码 8-2
销售成本预测
分析操作视频

　　图 8-7 为销售成本预测分析的最终效果图。通过创建的散点图,营销人员可以看出企业的销售成本呈现上升趋势,并显示了 12 月份销售成本预测值。

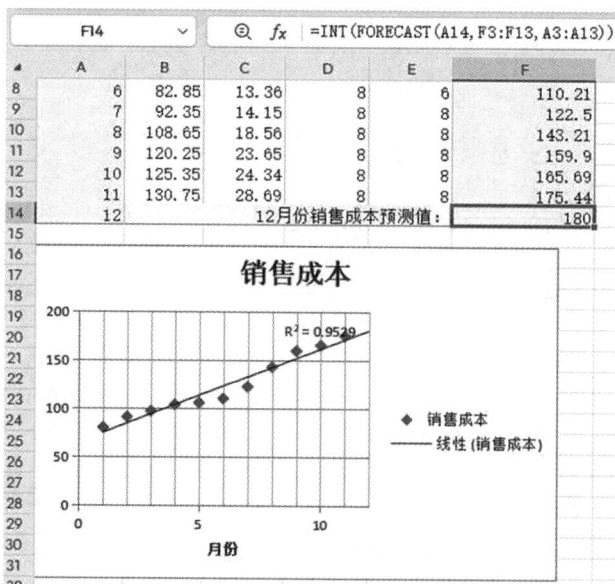

图 8-7　销售成本预测分析的最终效果

下面首先创建散点图来对比 1—11 月的销售成本，其次添加趋势线来分析销售成本的变化趋势，最后利用 INT 和 FORECAST 函数预测出 12 月份的销售成本。

一、创建散点图

数据点在直角坐标系平面上的分布图称为散点图，散点图可以表示因变量随自变量而变化的大致趋势。

【例 8-4】　下面将在"销售成本预测分析.xlsx"工作簿中利用散点图来查看 1—12 月的销售成本合计数的变化情况，具体操作如下。

（1）打开素材文件"销售成本预测分析.xlsx"工作簿（素材参见：素材文件\项目八\销售成本预测分析.xlsx），在"Sheet1"工作表中选择 A3：A13 单元格区域，按住"Ctrl"键的同时加选 F3：F13 单元格区域，然后单击"插入"选项卡"图表"组中的"散点图"按钮，在打开的下拉列表中选择"仅带数据标记的散点图"选项，如图 8-8 所示。

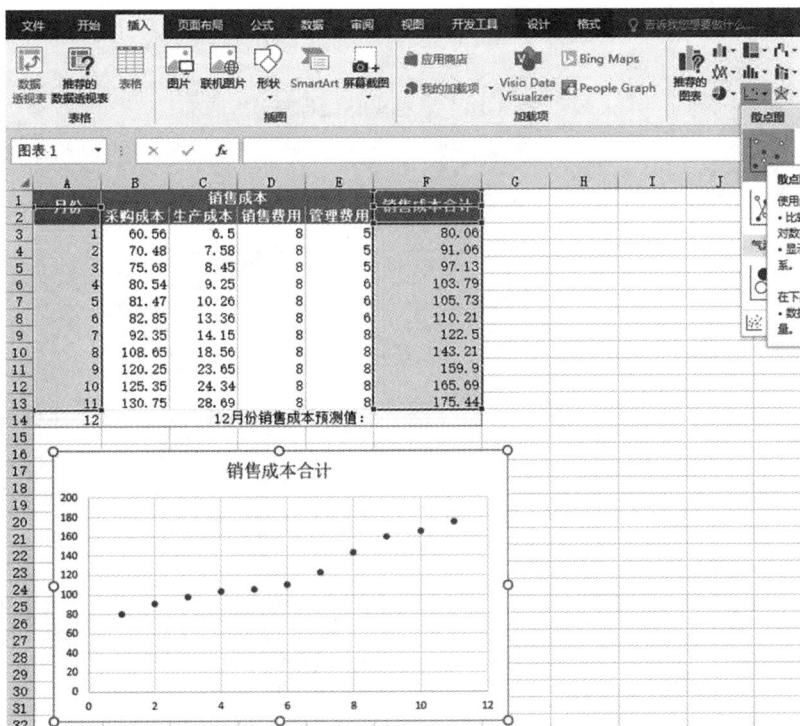

图 8-8　插入散点图

（2）单击图表标题"销售成本合计"，将其更改为"销售成本"，单击散点图右侧的"图表元素"按钮，在打开的列表中选择"坐标轴标题"选项中的"主要横坐标轴"，如图 8-9 所示。

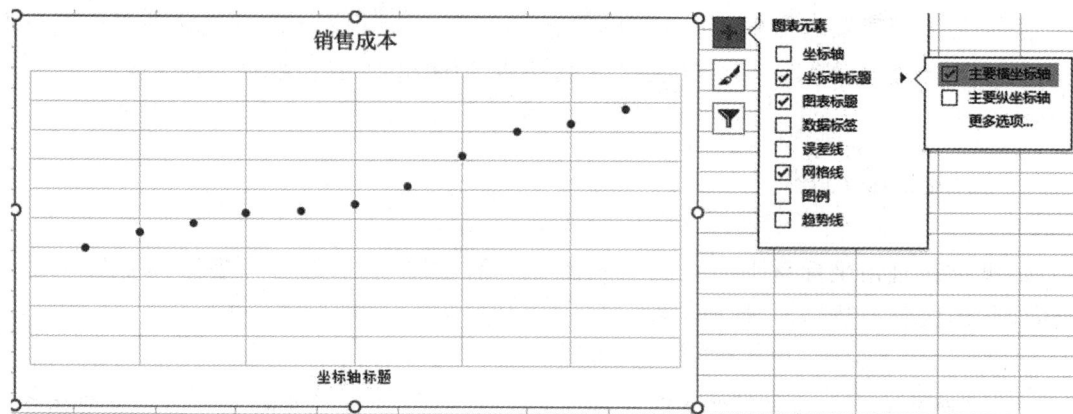

图 8-9　更改图表标题、添加坐标轴标题

（3）此时，在图表的横坐标轴下方将显示添加的"坐标轴标题"文本框，将标题名称更改为"月份"，如图 8-10 所示。

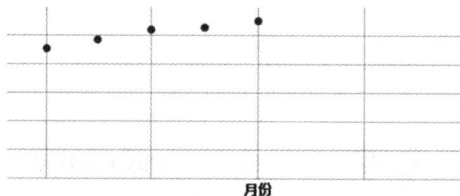

图 8-10　更改坐标轴标题

（4）单击散点图右侧的"图表元素"按钮，在打开的列表中选择"网格线"选项，添加"主轴主要水平网格线""主轴次要垂直网格线"，如图 8-11 所示。

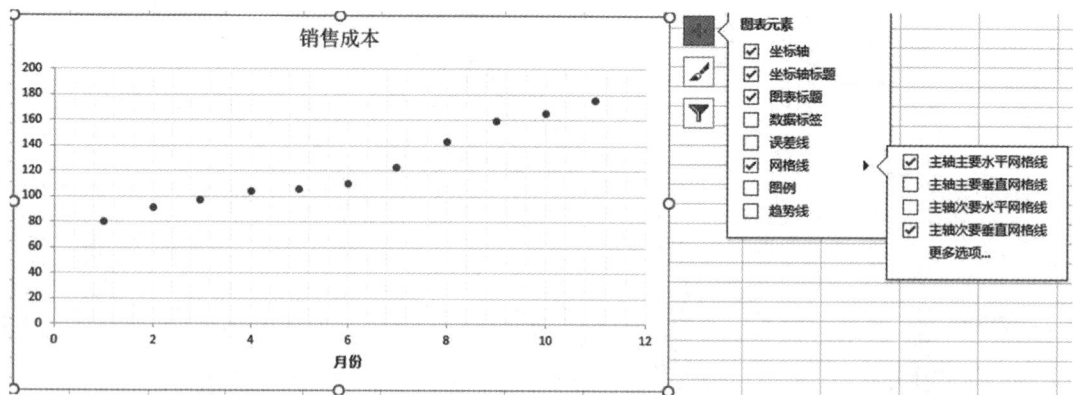

图 8-11　添加网格线

二、添加线性预测趋势线

利用 Excel 进行数据分析时，除了根据数据建立图表外，还可以利用趋势线、误差线、折线等工具进行数据分析，能使数据结果一目了然。

【例 8-5】 下面将利用趋势线来预测 12 月份的销售成本,具体操作如下。

(1)打开素材文件"销售成本预测分析.xlsx"工作簿,在"Sheet1"工作表中单击散点图右侧的"图表元素"按钮,在打开的列表中选择"趋势线"选项中的"更多选项"。

(2)"趋势线选项"栏中选"线性","趋势预测"栏中的"向前"文本框中输入"1.0",单击选中"显示 R 平方值"复选框,然后单击"关闭"按钮,如图 8-12 所示。

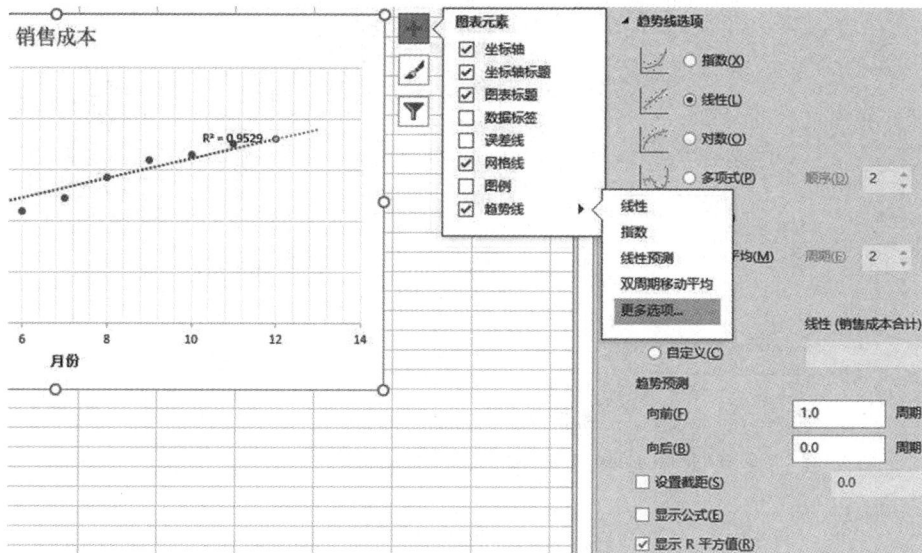

图 8-12　添加趋势线

(3)在图表中的水平轴上单击鼠标右键,然后在弹出的快捷菜单中选择"设置坐标轴格式"命令,如图 8-13 所示。

图 8-13　设置坐标轴格式

Excel 提供了指数、线性、对数、多项式、幂和移动平均等不同类型的趋势线,用于预测数据系列的值。其中,线性趋势线是适用于简单线性数据集的最佳拟合直线,而指数趋势线则是一种当数据值以不断增加的速率上升或下降时使用的曲线。

（4）打开"设置坐标轴格式"对话框，在"坐标轴选项"栏下方，边界最小值设置为"0.0"，边界最大值设置为"12.0"，主要单位设置为"5.0"，次要单位设置为"1.0"，然后单击"关闭"按钮，如图 8-14 所示。

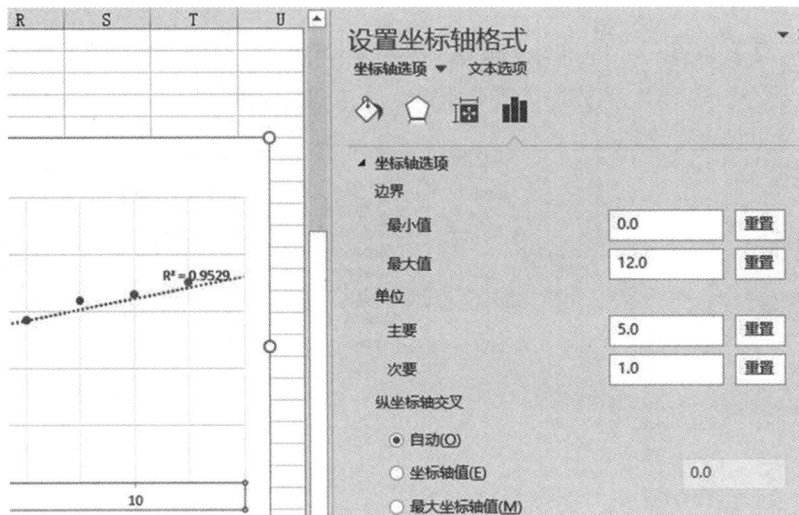

图 8-14　设置坐标轴选项

（5）得到销售成本的趋势线如图 8-15 所示。

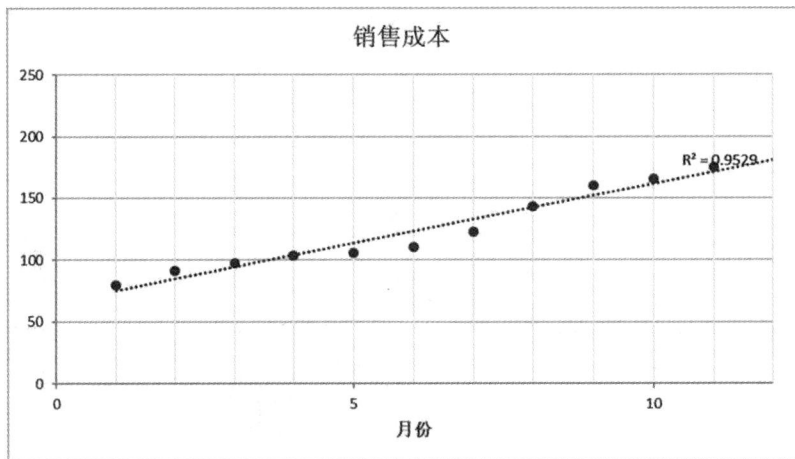

图 8-15　设置后的水平轴

三、INT 和 FORECAST 函数的使用

【例 8-6】　下面将综合利用 INT 和 FORECAST 函数来计算 12 月份销售成本的预测值，具体操作如下。

（1）打开素材文件"销售成本预测分析.xlsx"工作簿，选择"Sheet1"工作表中的 F14 单元格，按"Shift＋F3"组合键，打开"插入函数"对话框，在"或选择类别"下拉列表中选择"统计"选项,在"选择函数"列表框中选择"FORECAST"选项,然后单击"确定"按钮。

(2)打开"函数参数"对话框,分别在"X""Known_y's""Known_x's"数值框中输入"A14""F3:F13""A3:A13",然后单击"确定"按钮,如图 8-16 所示。

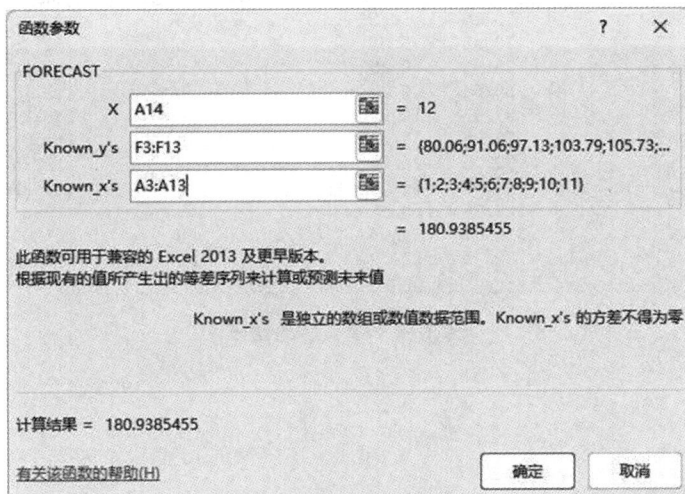

图 8-16　函数参数设置

(3)返回 Excel 工作界面,F14 单元格中自动显示计算结果。

(4)重新选择 F14 单元格,将鼠标指针定位至编辑栏中运算符"="的后面,然后输入函数"INT",并在其后输入前括号"(",最后将鼠标指针定位至末尾,输入后括号")",如图 8-17 所示。

图 8-17　输入函数

INT 函数可以将一个要取整的实数(可以为数学表达式)向下取整为最接近的整数。INT 函数很少单独使用,一般和其他公式嵌套在一起完成计算。需要注意的是:INT 函数是取整函数,不进行四舍五入,而是直接去掉小数部分取整,如 INT(12.86)的计算结果为"12"。

（5）按"Enter"键后，F14 单元格中的数据将以整数形式显示，效果如图 8-18 所示（效果参见：效果文件\项目八\销售成本预测分析.xlsx）。

| 月份 | 销售成本 | | | | 销售成本合计 |
	采购成本	生产成本	销售费用	管理费用	
1	60.56	6.5	8	5	80.06
2	70.48	7.58	8	5	91.06
3	75.68	8.45	8	5	97.13
4	80.54	9.25	8	6	103.79
5	81.47	10.26	8	6	105.73
6	82.85	13.36	8	6	110.21
7	92.35	14.15	8	8	122.5
8	108.65	18.56	8	8	143.21
9	120.25	23.65	8	8	159.9
10	125.35	24.34	8	8	165.69
11	130.75	28.69	8	8	175.44
12	12月份销售成本预测值：				180

图 8-18　取整后的结果

新手提升

时间序列分析预测法

指数平滑法是在移动平均法的基础上发展起来的一种时间序列分析预测法，其通过计算指数平滑值，配合一定的时间序列预测模型对现象的未来进行预测。不合理的平滑系数预测出的结果和实际值比较会相差很多。下面将介绍利用"移动平均""指数平滑"分析工具来预测煤炭产量。

【例 8-7】　某煤矿某年 1—11 月份采煤量如表 8-1 所示。

表 8-1　某煤矿某年 1—11 月份采煤量

月份	产量(万吨)	月份	产量(万吨)
1	9.03	7	9.15
2	9.06	8	9.36
3	9.12	9	9.45
4	8.73	10	9.30
5	8.94	11	9.24
6	9.30	12	

一、用移动平均法进行预测

用移动平均法进行预测的具体步骤如下。

（1）将原始数据录入 A2：A12 单元格区域，如图 8-19 所示。

图 8-19　Excel 数据集

（2）单击"数据"选项卡的"分析"组中"数据分析"按钮（若没有"数据分析"按钮可按前述步骤加载上去），弹出如图 8-20 所示的对话框。

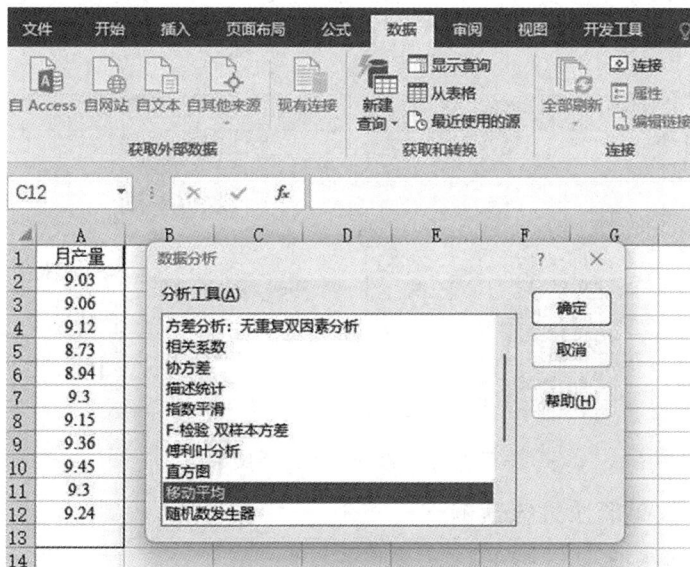

图 8-20　数据分析对话框

（3）在"分析工具"框中选择"移动平均"，单击"确定"按钮，弹出"移动平均"对话框，如图 8-21 所示。

在"移动平均"对话框"输入区域"框中输入"＄A＄2：＄A＄12"，即原始数据所在的单元格区域。在"间隔"框中输入"3"，表示使用三步移动平均法。在"输出区域"框中输入"＄B＄2"，将输出区域的左上角单元格定义为 B2。选择"图表输出"复选框和"标准误差"复选框。

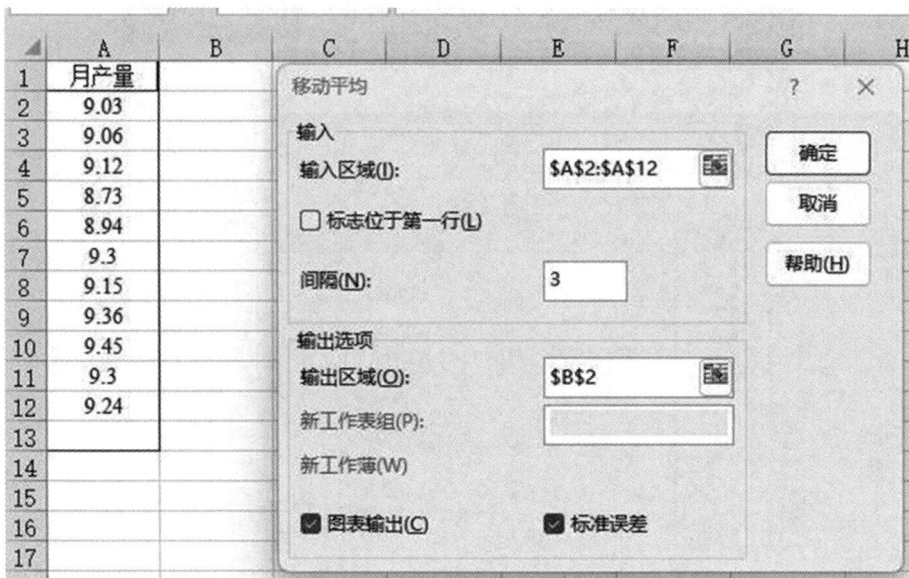

图 8-21　移动平均对话框

（4）单击"确定"按钮，便可得到移动平均结果，如图 8-22 所示。

B4：B12 单元格区域对应的数据即三步移动平均的预测值；C6：C12 单元格区域即标准误差。

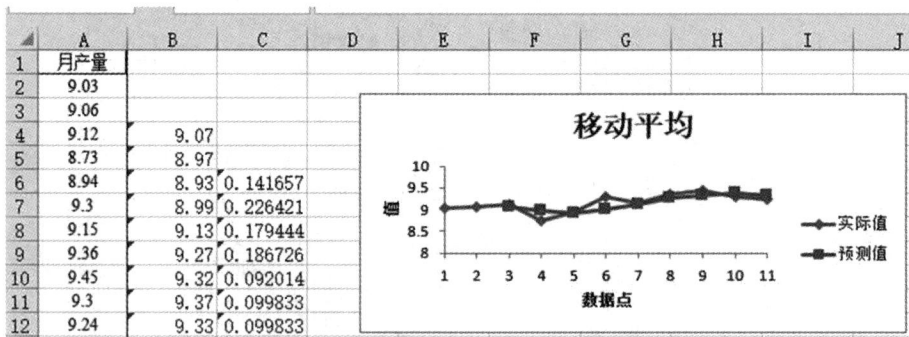

图 8-22　移动平均分析结果

二、用指数平滑法进行预测

（1）将原始数据输入 A2：A12 单元格区域。

（2）单击"数据"选项卡的"分析"组中"数据分析"按钮，弹出如图 8-23 所示的对话框。

（3）在"分析工具"中选择"指数平滑"，单击"确定"按钮，弹出"指数平滑"对话框，如图 8-24 所示，做出相应输入。

（4）单击"确定"按钮，即可得到指数平滑结果，如图 8-25 所示。

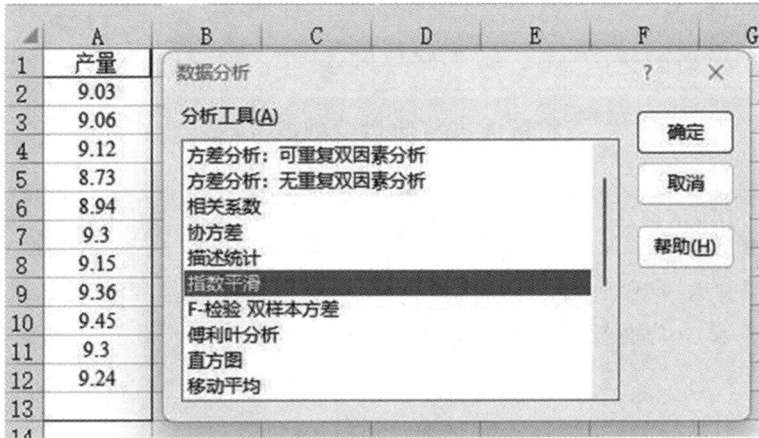

图 8-23　数据分析对话框

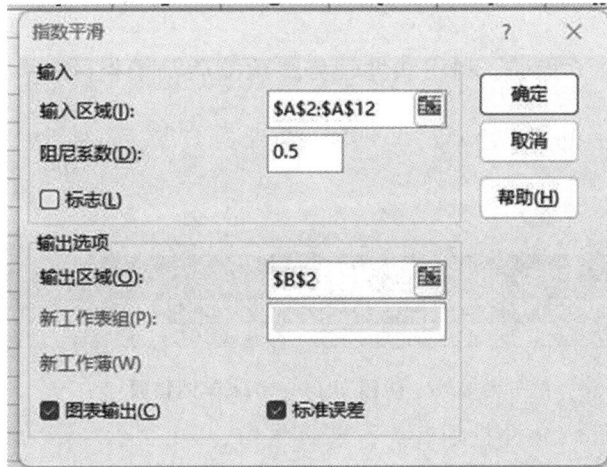

图 8-24　指数平滑对话框

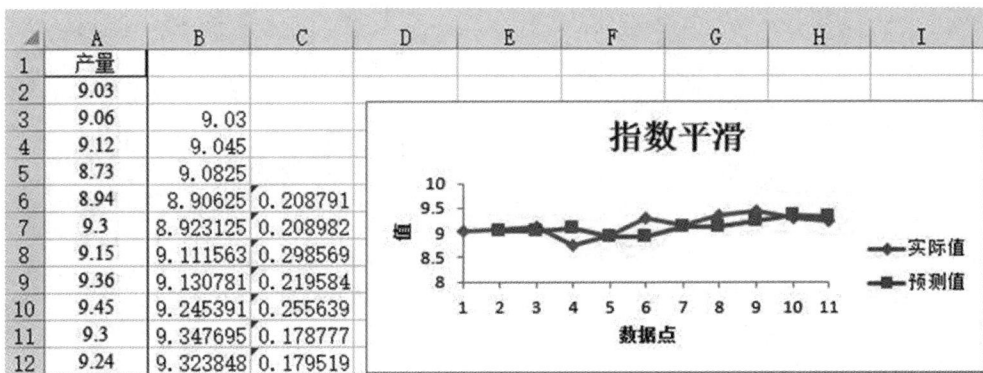

图 8-25　指数平滑结果

课程思政

质量成本与质量管理的交融

在企业的运营过程中,质量管理不仅仅与产品或服务的性能、稳定性和安全性息息相关,还与企业的财务健康状况、成本控制和长期盈利能力紧密相连。从财务成本管理的角度出发,深入探讨质量成本与质量管理的关系,以及如何利用分析工具进行质量成本分析,对于企业的持续发展具有重要意义。

课后巩固

实训：利用线性趋势线预测店铺销售额

打开"店铺年销售额.xlsx"工作簿,如图 8-26 所示,利用线性趋势线预测店铺销售额。

	A	B	C	D	E	F	G	H	I	J	K
1	店铺2014 — 2024年销售额（万元）										预测
2	2014年	2015年	2016年	2017年	2018年	2019年	2020年	2021年	2022年	2023年	2024年
3	25.274	20.568	22.556	25.842	26.178	31.284	40.872	44.958	41.46	47.67	

图 8-26　店铺 2014—2024 年销售额

(1)根据给出的数据制作散点图或折线图。

(2)添加趋势线及显示公式,趋势线类型为"线性"。

(3)利用线性趋势线公式计算预测值。

项目九　人工智能在商务数据分析中的应用

本项目旨在深入探讨人工智能在商务数据分析中的应用，理解人工智能的基本概念与原理，掌握其关键技术在商务数据分析中的应用。通过研究机器学习、自然语言处理和深度学习等技术在商务数据分析中的具体应用，探讨人工智能在商务数据分析中面临的挑战与未来发展趋势，培养学生在新技术应用中的创新思维与伦理意识。

学习目标

• 全面理解人工智能在商务数据分析领域的基本概念、原理及重要性。
• 了解主流的人工智能技术，分析具体案例，理解人工智能在商务数据分析中的实际应用及其效果。

素养目标

• 培养将人工智能技术与商务数据分析相结合的创新思维，探索新的数据分析方法和应用场景。
• 提升对新技术发展的敏感性，及时了解人工智能领域的最新进展，并尝试将其应用于商务数据分析中。
• 在利用人工智能技术进行商务数据分析时，应树立伦理意识，确保数据使用的合法性和合规性。

任务一　人工智能关键技术在商务数据分析中的应用

人工智能（artificial intelligence，AI）是通过模拟人类智能的理论与技术，赋予机器感知、学习、推理和决策等能力的跨学科领域。人工智能的核心目标是通过算法和大数据分析，实现机器在复杂场景下的自主决策与优化。

一、人工智能关键技术

（一）机器学习技术

机器学习（machine learning）是通过监督学习（如分类、回归）和无监督学习（如聚类、降维）从数据中提取规律的技术。例如，电商平台利用协同过滤算法实现个性化推荐，正是机器学习技术在电商领域的应用。

（1）应用场景：客户细分、销售预测、信用评估等。

（2）操作步骤：

数据预处理。清洗数据，处理缺失值和异常值，进行特征工程。

模型选择。根据业务需求选择合适的机器学习算法，如逻辑回归、决策树、随机森林等。

模型训练。使用训练数据集对模型进行训练，调整参数以优化性能。

模型评估。使用测试数据集评估模型性能，确保模型在实际应用中表现良好。

（二）自然语言处理技术

自然语言处理（natural language processing，NLP）是解析文本和语音数据的技术，主要应用于智能客服（如自动应答咨询）和情感分析（如用户评论情绪识别）等场景。

（1）应用场景：客户评论分析、社交媒体情感分析等。

（2）操作步骤：

文本预处理。去除停用词、标点符号等，进行分词和词干提取。

特征提取。将文本数据转换为向量表示，如使用词袋模型、TF-IDF 等。

模型训练。使用自然语言处理模型（如 BERT、GPT 等）进行训练。

结果分析。对模型输出进行解释和分析，提取有价值的信息。

（三）深度学习技术

深度学习（deep learning）是利用深度神经网络处理复杂、高维的数据，提升数据分析深度和广度的技术。

（1）应用场景：图像识别、语音识别、自然语言处理等。

（2）操作步骤：

数据准备。收集大量高质量的数据集，进行标注和预处理。

模型构建。使用深度学习框架(如 TensorFlow、PyTorch)构建模型。

模型训练。采用分布式训练、数据增强等技术提高训练效率。

模型部署。将训练好的模型部署到生产环境中,进行实时预测或分析。

二、应用场景

(一)商业决策优化

市场预测。利用时间序列模型(如 LSTM)预测销量波动,例如某化妆品企业提前 6 个月布局新品研发,销售额增长 35%。

动态定价。航空公司通过 AI 实时分析供需关系调整票价,收益率提升 12%。

风险管理。金融领域利用异常检测模型识别欺诈交易,准确率达 99.3%。

(二)客户体验提升

智能客服。对话式 AI 处理了 80% 的常规咨询,如某银行通过使用 AI 客服降低了 45% 运营成本。

个性化推荐。亚马逊(Amazon)商品推荐系统通过分析用户行为数据生成定制化商品建议,该系统为其贡献了约 35% 的销售额。

用户画像。基于多源数据(浏览记录、购买行为)构建 360°用户画像,使广告点击率大幅提升。

(三)供应链与运营

库存优化。AI 能够预测物流瓶颈并动态调整库存,某零售企业通过使用 AI,库存周转率提升 22%。

智能物流。通过遗传算法优化配送路径,能够降低全社会的物流成本。

设备维护。制造业通过传感器数据预测设备故障,设备维护成本大幅下降。

三、发展趋势与挑战

(一)技术迭代方向

生成式 AI 普及。部分企业将 GPT 类模型嵌入数据分析流程,用于模拟商业场景与策略推演。

边缘智能崛起。制造业部署边缘 AI 设备实现实时质量控制(如生产线缺陷检测)。

多模态融合。结合文本、图像、语音数据实现全维度分析,例如电商平台通过用户"评论＋浏览"行为优化推荐内容。

(二)社会影响与挑战

伦理治理。超过八成的企业计划增加 AI 伦理投入,以确保算法公平性(如避免大数据"杀熟")和数据隐私合规。

技能鸿沟。企业对既懂 AI 技术又通晓业务逻辑的复合型人才需求激增,高职教育须强化产教融合培养模式。

技术局限性。AI 模型依赖历史数据,难以应对突发性事件(如疫情对供应链的冲击)。

AI 正在从辅助工具演变为商业创新的核心引擎,其价值体现在效率跃迁(如自动化报告生成效率提升 10 倍)、决策革新(预测准确率提高 30％～80％)与模式创新(如订阅式 AI 分析服务)三大层面。未来,随着量子计算与 AI 的融合,数据分析将进入"全息洞察"时代,企业须同步布局技术应用与伦理治理以把握发展机遇。

任务二　主流人工智能技术在商务数据分析中的应用案例

一、阿里云智能客服系统

·应用场景:通过 NLP 技术实现智能客服,自动回复用户咨询。

·技术实现:利用语义理解、情感分析等 NLP 技术手段对用户输入进行解析和回复。

·效果评估:提高客服效率,降低人工成本,提升用户满意度。

图 9-1　阿里云

在当今数字化快速发展的时代,客户服务的质量和效率对于企业的成功至关重要。阿里云智能客服作为一款基于 AI 技术的客户服务解决方案,为企业提供了强大的支持,帮助企业提升客户服务水平,提高工作效率(见图 9-1)。以下是对阿里云智能客服的详细介绍。

（一）简介

阿里云智能客服是阿里云推出的一款面向企业的全链路智能客服系统。它依托于阿里巴巴达摩院的核心自然语言理解、语音、知识图谱等技术，为企业提供包括云呼叫中心、智能对话机器人、客服工作台等能力平台，以及智能语音导航、智能对话分析、策略中心等产品。其目标是帮助企业高效承接售前、售中、售后的在线/热线服务，降低服务成本，提高服务品质和效率。

二维码 9-1
在线客服系统

（二）功能

1. 多渠道接入

阿里云智能客服支持多渠道的服务接入，包括企业 App 端、网页端、微信生态、钉钉、微博等渠道，包含呼叫中心、即时对话、视频客服、协同工单、AI 及大数据能力的智能服务管理系统，帮助企业实现多端、多渠道、多场景跨平台服务的统一接入。无论客户从哪个渠道发起咨询，企业都能够及时响应，实现服务体验一体化。

2. 智能对话机器人

· 24 小时在线服务。可以实现全天候的在线客服支持，自动回答常见问题，减轻人工客服的压力，提高服务效率。即使在非工作时间，客户也能够得到及时的答疑解惑。

· 精准的意图理解。具备强大的语音识别和自然语言理解功能，能够精准理解客户的问题意图，提供准确的回答。通过不断学习和优化，智能对话机器人的回答准确率不断提高。

· 多轮对话与业务集成。支持多轮对话，能够引导客户逐步明确问题，提供更加个性化的服务。同时，可以与企业的第三方业务系统集成，实现自助服务，如查询订单状态、办理业务等。

智能对话机器人从各个环节有效提升服务质量和效能，如图 9-2 所示。

3. 人机协同接待

· 无缝对接。智能对话机器人和人工客服之间可以实现无缝对接，当智能对话机器人无法回答客户的问题时，能够自动转接给人工客服，保证客户的问题得到及时解决。

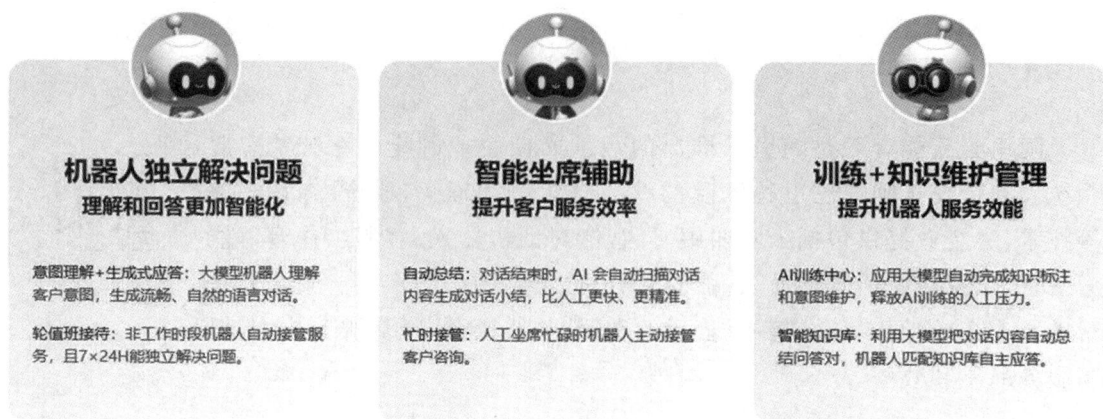

图 9-2　智能对话机器人

　　·共用知识库。人机共用一个知识库,人工客服在与客户沟通的过程中不断丰富和完善知识库,帮助智能客服机器人提高回答准确率,反过来也提高了人工客服的工作效率。

4.智能分流与转接

　　系统能够根据用户问题的类型、重要性、来源渠道等因素,将用户问题分流至不同的人工对话或智能对话机器人,从而提高问题解决的效率和客户满意度。例如,系统会将复杂的问题转接给专业的人工客服,将简单的问题交给智能对话机器人处理。

5.数据分析与报告

　　数据分析与报告是对客服数据进行实时监控和分析,并生成详尽的报告。企业可以通过这些数据了解客户的需求和行为,优化客户服务策略,提高客户满意度。例如,通过分析客户咨询的热点问题,针对性地优化产品或服务。

6.低成本云呼叫中心

　　·简单易操作。提供 PaaS 化的智能呼叫中心技术服务,操作简单易上手,即开即用。企业无须具备专业的知识和设备,就能够轻松设置 IVR 流程、技能组、来话分配、录音和通话记录等功能。

　　·号码申请方便。可以直接在控制台申请号码供应商提供的智能联络中心号码,线上申请,方便快捷。一个号码可对应多个坐席,随时呼入呼出。

　　·自由拖拽编辑 IVR。提供图形化的 IVR 设计器,用户可以自由拖拽预置的功能模块,实现交互式语音应答流程,满足企业的个性化需求。

二维码 9-2
云呼叫中心

（三）价格

阿里云智能客服的价格根据企业的具体需求和使用情况而定。一般来说，其收费模式主要包括以下几种。

（1）坐席包月。企业可以根据自己的需求购买一定数量的在线坐席，按照包月的方式付费。坐席数量和购买时长不同，价格也会有一定差异。例如，标准版的在线坐席的价格可能从几百元到上千元不等。

（2）功能模块收费。如果企业只需要使用阿里云智能客服的某些功能模块，如智能对话机器人、智能语音导航等，可以单独购买这些功能模块，按照使用量或包月的方式付费。

（3）定制化服务收费。对于一些有特殊需求的企业，阿里云智能客服可以提供定制化的服务，其价格根据项目的复杂程度和工作量而定。

总之，阿里云智能客服以其强大的功能和灵活的价格策略，为企业提供了高效、便捷、智能的客户服务解决方案。无论是大型企业还是中小企业，都可以根据自己的需求选择合适的阿里云智能客服产品，提升客户服务水平，增强企业的竞争力。

二、亚马逊的商品推荐系统

- 应用场景：基于用户的历史购买记录和浏览行为推荐商品。
- 技术实现：采用协同过滤、基于内容的推荐算法等机器学习技术。
- 效果评估：提高商品的点击率和转化率，增加用户黏性。

在营销领域，AI技术主要用于数据驱动的个性化推荐和广告投放。通过大数据分析和机器学习，企业能够更精准地识别目标客户，制定个性化的营销策略，从而提高商品的转化率。

亚马逊商品推荐系统借助AI技术，从海量数据中提炼出用户兴趣，经过精准匹配实现个性化推荐，以此提高商品转化率和用户体验（见图9-3）。亚马逊采用的商品推荐系统基于协同过滤算法和深度学习模型，是利用AI进行个性化推荐的典范。

此外，亚马逊还通过AI驱动的广告投放系统，将广告精准投放到最有可能转化的用户面前。这种基于机器学习的广告投放不仅提升了广告的点击率，还显著提高了广告的转化率。

（一）数据驱动的基础

亚马逊商品推荐系统建立在庞大的用户行为数据和历史交易记录之上。平台经过采集用户点击、浏览、收藏、购物车和购买商品等行为数据，构建详尽的用户画像。

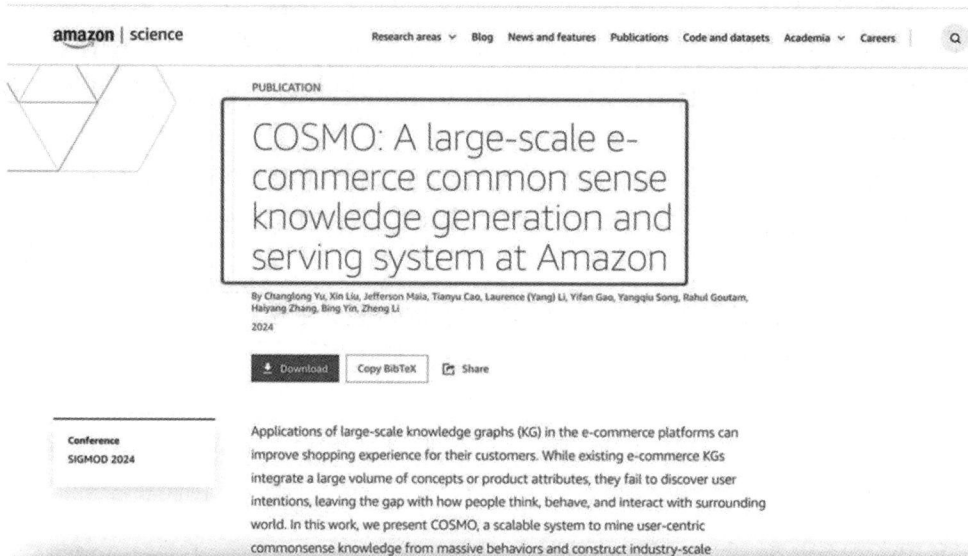

亚马逊算法更新，Cosmo LM算法加持

最近，Amazon Science发布了一篇文章，介绍了亚马逊构建的一个名为COSMO的大规模电商常识知识图谱系统。COSMO: A large-scale e-commerce common sense knowledge generation and serving system at Amazon（COSMO：亚马逊的大型电子商务常识知识生成和服务系统）

图 9-3　亚马逊的商品推荐系统

平台还通过分析商品的属性、价格、评价等信息，为后续算法建模提供基础数据支持。数据的实时更新和多维度整合，使商品推荐系统能够迅速捕捉市场和用户的变化。

（二）协同过滤与深度学习

在推荐系统中，协同过滤是一项重要的技术，是通过分析相似用户群体或项目的偏好信息进行推荐的系统算法。亚马逊利用用户之间的相似性以及商品的共现关系，发现用户可能感兴趣的商品。系统通过对不同用户行为进行比对，找出具有共同喜好的用户群体，并基于这些相似性为用户推荐其他人已购买或评价较高的商品。深度学习技术也在推荐系统中发挥着关键作用。利用神经网络模型，系统能够自动学习复杂的非线性关系，从而更准确地捕捉用户偏好和商品特性，实现精细化推荐。

（三）个性化推荐引擎

亚马逊的推荐引擎充分利用了大数据和 AI 技术。

（四）混合推荐模型

为了提高推荐的准确度和多样性，亚马逊采用了混合推荐模型。该模型综合了基于内容的推荐算法、协同过滤和深度学习等多种算法技术优势，不仅考虑到用户过去的行为，还结合当前的市场趋势和热门商品信息，为用户呈现既符合个人喜好又具有市场热度的商品。混合推荐模型有效降低了算法单一性带来的局限性，使推荐结果更丰富、更具吸引力。

（五）商业价值与用户体验

精准的推荐不仅能提高用户的体验感和好感度，也为亚马逊带来了更高的经济效益。个性化推荐可以增加用户的浏览时长和点击率，提高购物车转化率，进而推动销售增长。用户在购物过程中获得的良好体验是建立品牌忠诚度的基石，从而形成良性循环。正是凭借这一点，亚马逊在激烈的电商竞争中始终保持行业领先地位。

（六）持续优化

AI 和数据分析技术的不断进步，使亚马逊的商品推荐系统持续演进。强化学习、图神经网络等前沿技术的逐步引入，进一步提高了亚马逊平台的商品推荐精度和实时响应能力。跨平台数据整合和用户情景感知也将成为系统优化的方向，使商品推荐系统更加智能化和人性化。不断更新的技术和对策，将助力亚马逊在激烈的市场竞争中持续抢占用户心智。

亚马逊的商品推荐系统以海量数据和先进的 AI 算法为基础，采用协同过滤、深度学习、混合推荐模型等多种算法技术，实现了精准、个性化的商品推荐。该系统不仅提升了用户体验，也为平台带来了较好的商业回报。新技术的不断融合，使亚马逊的推荐系统变得更加智能和高效，这也进一步巩固其在全球电商市场的领导地位。

任务三　人工智能技术应用的机遇和挑战

近年来，AI 技术取得了长足的进步，已然成为医疗、金融、教育、商业等诸多领域创新发展的重要推动力。然而，随着 AI 技术广泛应用的背后，也暴露出诸多亟待解决的问题与挑战。

一、人工智能技术应用面临的困境

（一）数据质量和标注难题

AI 技术的运用离不开庞大且精准的标注数据集，但遗憾的是，获取这些高质量数据既费时又费财，且易受人为因素干扰，数据集往往因多重因素影响而存在偏差或遗漏，这不可避免地影响了 AI 系统的性能，甚至可能导致不公正的决策结果。

（二）模型可解释性与信任危机

深度学习模型常被喻为"黑箱"，主要原因是其决策过程不透明，往往令人难以捉摸。决策过程的不透明性降低了模型在关键任务性能上的可信度，特别是在医疗诊断或司法决策等领域，涉及重大利益或社会公正时，这种不信任感更为强烈。

（三）模型泛化能力

在人工智能领域，一个核心难题是确保模型能够有效泛化到未知数据上。目前，多数模型都是基于大量标注数据进行训练的，但这些数据无法全面覆盖所有潜在的输入情境。因此，当模型遭遇与训练数据分布略有差异的新数据时，其性能可能会显著下滑。

（四）偏见与歧视问题

若训练数据中蕴含偏见或歧视成分，AI 系统则可能承袭这些偏见。例如，若招聘算法的训练数据以年轻人为主体，该算法可能倾向于挑选年轻的应聘者。因此，确保 AI 系统的公平性与无偏性成为当前亟待解决的问题。

（五）算法的不公平性问题

在司法决策、贷款审批等关键场景中，AI 决策的不公平性可能带来严重后果。这种不公平性往往源于数据偏见、模型偏向或反馈循环等的影响。为应对这一问题，我们需要精心设计算法，并制定合理的数据收集策略，从而确保 AI 系统的公平性和无偏性。

（六）安全性和隐私问题

随着 AI 技术的广泛应用，其面临的安全性和隐私问题日益凸显。例如，不法分子可能通过篡改 AI 系统，来操纵其决策过程。同时，在利用 AI 进行数据分析的过程中，用户隐私敏感信息可能面临泄露风险。因此，如何在确保 AI 性能的同时，有效保护用户隐私和系统安全，成为亟待解决的难题。

（七）资源消耗与环境保护

训练和运行 AI 模型需要消耗大量的计算资源和能源。随着模型规模的持续扩大，其对计算资源的需求也日益增长。然而，这种资源的高消耗模式也对环境保护提出了挑战，能源的过度使用会对环境造成不良影响。因此，在追求 AI 性能提升的同时，如何有效降低资源消耗、减少对环境的负面影响，则成为全社会必须面对的重要课题。

（八）教育与知识普及的难题

AI 技术的迅猛发展，对教育和知识传播领域提出了新的挑战。由于资源限制，许多人难以获取最新的、高效的 AI 工具和资源，进一步加剧了"数字鸿沟"的问题。如何推广 AI 教育，确保每个人都有机会接触、学习和应用相关技术，成为当前亟待解决的社会问题。

二、未来趋势

(1)技术与业务深度融合。AI 技术与商务数据分析将更加紧密地结合起来，共同推动业务模式的创新和发展。

(2)跨领域融合。AI 将与物联网、区块链等新技术融合，深化拓展商务数据分析的应用场景。

(3)智能化与自动化发展。AI 技术的不断进步，推动商务数据分析向智能化和自动化发展，从而显著提高分析效率和结果准确性。

♻ 新手提升

高职生人工智能生存指南

在 AI 重塑各行各业的时代,高职学生作为技能型人才的生力军,既要直面 AI 技术冲击,又要把握行业转型机遇。下面将从技术融合、职业定位、能力升级到终身发展的全链路视角,为高职学生提供更具实操性和前瞻性的建议。

一、技术扎根:以"AI＋专业"构建差异化竞争力

(一)按专业拆解 AI 融合场景,实现精准突破

1. 工科类(机械/电子/汽车等专业)

① 掌握工业视觉检测系统(如 Halcon)调试,解决精密零件质检难题。

② 学习数字孪生技术,使用虚拟调试优化生产线布局(如西门子 NX MCD)。

③ 考取工业机器人操作员证书(如 FANUC 操作认证),成为智能产线的"医生"。

2. 商科类(营销/物流/会计等专业)

① 利用 AI 生成用户画像工具(如腾讯云智服),精准定位消费群体。

② 学习 RPA 财务机器人(如 UiPath),实现发票核销自动化。

③ 通过智能仓储管理系统(如菜鸟物流智能客服算法),优化库存周转率。

3. 服务类(护理/幼教/旅游管理等专业)

① 使用 AI 健康监测设备(如智能手环数据分析),提升护理效率。

② 开发沉浸式智慧文旅导览(AR/VR 场景设计),打造个性化旅游体验。

③ 借助 AI 教育助手(如 ClassIn 智能备课系统),设计互动式教学教案。

(二)善用"低门槛 AI 工具"快速赋能

① 创意工具。善用 Canva AI 设计助手、剪映智能剪辑等工具功能,零基础产出专业级视觉传达作品。

② 办公"神器"。善用 Notion AI 工具整理文档,以及使用 ChatPDF 工具快速解析报告。

③ 行业应用。机械专业学生善用 AutoCAD 智能插件自动生成图纸标注,可大幅提升制图效率。

二、职业定位:瞄准"AI 辅助型"岗位,避开内卷

(一)高职生"吃香"的 6 类岗位

适合高职生的 6 类岗位如表 9-1 所示。

表 9-1　高职生匹配的岗位类型及其优势

岗位类型	典型职位	高职生优势
AI 工具操作岗	工业机器人调试员	动手能力强,熟悉车间环境
人机协作岗	智能客服训练师	懂方言、善沟通,优化 AI 应答
数据基础岗	数据标注员(医疗影像/自动驾驶等)	耐心细致,考证即可上岗
本地化服务岗	智慧农业设备巡检员	能下乡、肯吃苦,企业急缺
小微创新岗	抖音 AI 直播助手	熟悉平台规则,低成本试错
技术销售岗	智能硬件售后工程师	懂技术原理,能够教用户操作

(二)简历加分项

① 在抖音等平台发布"AI＋专业"类短视频(如展示使用 AI 技术设计机械臂运动轨迹)。

② 在知乎回答"如何用 Excel 实现智能库存管理"等问题获赞超过 100 个。

③ 参与面向学生的 AIGC 创意大赛等(如全国大学生 AIGC 创意设计大赛)。

三、避坑指南:高职生的"四要四不要"

(一)要做的事

① 在智慧职教、超星学习通等微信小程序平台利用碎片化时间学习 AI 技能(如每日抽出 5 分钟学习"AI 办公技巧 100 招")。

② 优先学习行业老师傅的工作经验(如掌握老焊工的焊接工艺参数),在此基础上使用 AI 对相关经验数据进行优化(如焊接路径算法)。

③ 关注本地企业的 AI 岗位需求(如家乡食品厂需要 AI 质检员)。

④ 考取证书(如人工智能训练师职业技能等级证书)。

(二)不要做的事

① 盲目报班学 Python 编程(除非求职岗位有明确要求)。

② 死磕算法原理(高职生的核心优势在应用层)。

③ 仅等学校安排(应主动找实训老师做项目)。

④ 忽视基础技能(拥有电工证比 AI 证书在求职方面更有竞争力)。

四、立即行动:高职生 AI 成长路径图

大一阶段,应考取 Excel 证书,学会用 Canva AI 工具设计专业海报,还可以在课余时间加入校机器人社团。

大二阶段,应考取工业机器人操作员证书,还可以在抖音等平台多多发布专业实操类短视频,同时尝试接单优化 10 份课程设计。

大三阶段,应拿积累的"AI＋专业"作品集寻找实习机会,争取现代学徒制名额,向企业师傅学习 AI 项目落地实战经验。

五、记住两个"超车弯道"

(一)"老师傅＋AI"组合

① 汽修专业。老师傅通过听设备异响判断故障,你可以采用 AI 诊断仪读取数据验证。

② 烹饪专业。师傅用经验把控烹饪火候,你可以采用 AI 智能食谱进行精准营养配比,优化菜单。

(二)本地化 AI 服务

三四线城市的中小企业急需既懂技术又能扎根当地的 AI 应用人才,这正是高职生的主场!

明天就做:

① 打开手机应用市场,下载 1 个实用的 AI 工具(如 Canva)。

② 主动询问专业课老师:"我们专业课程中哪些实训环节能通过 AI 进行优化?"

高职生应该认识到,你的优势不在于"造 AI",而在于"用 AI 解决真问题"——这才是高职生的求职破局点!

课程思政

人工智能与伦理

AI 的快速发展带来了深刻的伦理挑战,其核心在于如何在技术创新与人类价值观之间取得平衡。一方面,AI 可能引发数据隐私泄露、算法偏见、自主武器滥用等风险;另一方面,AI 决策过程的不透明性("黑箱"效应)降低了人们在关键领域的监管效能。例如,自动驾驶汽车在事故中会面临"救乘客还是路人"的道德抉择,这就需要预设伦理规则。因此,构建 AI 伦理框架须关注三大原则:技术开发须保障人类尊严与安全(如禁止过度监控)、算法设计应追求公平可解释性(如定期审计模型偏差)、人机协作中人类始终保留最终决策权。唯有将伦理规范嵌入技术全生命周期,才能确保 AI 真正服务于人类福祉,而非沦为失控的力量。

课后巩固

实训：探索人工智能在商务数据分析中的应用

实训目标

通过实践操作，让学生深入理解 AI 在商务数据分析中的应用，并掌握相关技术和方法。

实训内容

(1)分组研究。学生分成若干小组，每组选择一种 AI 技术在商务数据分析中的应用进行研究，包括应用场景、技术实现、优缺点等。

(2)案例分析。分析具体案例，了解 AI 技术在商务数据分析中的实际应用效果。

(3)实践操作。利用开源工具或平台(如 TensorFlow、PyTorch 等)尝试实现 AI 技术的基本功能，并应用于简单的商务数据分析任务中。

(4)报告撰写。撰写实训报告，总结实训过程、收获和体会。

实训评价

(1)小组互评。各小组之间进行互评，评价其他小组的研究深度、实践效果等。

(2)教师评价。教师根据实训报告和实际操作情况对各小组进行综合评价。

参 考 文 献

[1]何媚.统计基础项目化教程[M].青岛:中国海洋大学出版社,2012.

[2]胡辉.Excel商务数据分析与应用[M].北京:人民邮电出版社,2022.

[3]贾俊平.数据分析基础——Excel实现[M].北京:中国人民大学出版社,2022.

[4]王汉生.Excel商务数据分析与应用[M].北京:人民邮电出版社,2023.

[5]柳扬,张良均.Excel数据分析与可视化[M].北京:人民邮电出版社,2020.

[6]孙玉娣,顾锦江.数据分析基础与案例实战——基于Excel软件[M].北京:人民邮电出版社,2020.

[7]孟刚.电子商务数据分析与应用[M].北京:中国人民大学出版社,2021.